傅踢踢

成大事者，都敢對自己下狠手

傅踢踢 著

真摯推薦

無論在中國或臺灣，總是過於喧囂而黏膩的社群關係，讓人經常有喘不過氣的淹沒感。獨處這件事日益重要，如何不慌不忙靜定面對自己，是我們能好好站立於世的基本馬步。

——**李明璁**（作家、社會學家）

我們正在經歷一個按下快速鍵的時代。置身於洶湧澎湃又時常變換方向的浪潮之中，認清命運前行的航向，捍衛自我堅信的價值，並非一件易事。人們習慣於評判成敗談論輸贏，在這個大背景下，沉溺於外在的愉悅快感、追逐聲名財富者遍地皆是，真正具備沉靜心性、探求深層自我實現的人卻並不多見，也因此而倍顯珍貴。蹋蹋就是其中之一。以靜制動，以慢為快，這是蹋蹋面對寫作與人生的態度，亦是這個喧囂時代中不應缺席的一股力量。

——**何瑫**（《智族GQ》總主筆）

傅踢踢是一個會說故事的人。

這是一本很生活化的書。書中提到很多面向與百味人生，其實他要說的，是人性。同我一樣，他也是一個愛看電影的人。

近日，大師級的科學家史蒂芬．霍金（Stephen Hawking）過世。而這本書中剛好有一篇提到與霍金有關的電影《愛的萬物論》：「年輕的霍金在舞會上與第一任妻子珍相識，很快墜入愛河。熱戀之際，霍金卻查出了肌萎縮性脊髓側索硬化症。醫生給霍金下的結論是：最多再活兩年。但珍深愛著霍金，她毅然選擇與霍金完婚，並在婚後照料霍金的日常起居。然而，霍金卻挨過了一個又一個兩年，珍卻日漸感受到生活的重量。長時間的看顧、陪伴與幫助，消磨了盛大的愛意，留下日益擴散的嫌隙。終於，兩人出現矛盾，以至於到分手的地步。最後，珍流著眼淚對霍金說：『我是愛你的，但我以為你只能活兩年。』」

看到這裡，我大笑了。我笑的，不是珍的寡情，而是因為這就是人性的真實。

我喜歡真實。我喜歡《成大事者，都敢對自己下狠手》這本書所給的故事，是如此落地、真實、不浮誇。

——**周志建**（心理博士、資深諮商師、故事療癒作家）

傅踢踢的寫作有一種恆定的、抒情的力量。雖然我與他是認識很久的老朋友，但難免還是會被他隨時隨地、撲面而來的「老友感」所感動。他不是老練的朋友，而是以心以情、真摯又可心。

他有兩個世界，自己的世界是用最直接的人生經驗與生活搏鬥而來的體會，外部的世界則像我們隨時走進書店買下一本書，夜晚與孤燈相與的片刻安寧。他很善於編織、協調這一切。

流行歌曲、最新上映的電影、或者老明星，不絕如縷的人間消息，通俗有通俗的力量，煙火有煙火的情誼，傅踢踢置身其中，一直沒忍心太冷峻。可是我還記得他過於冷峻那幾年，早在十多年前我們剛剛認識的時候……所以到如今更覺得會心了。

——**張怡微**（作家）

你是否曾經歷或遭遇過各種難堪、憂鬱、挫折、小人、低落、大哭、傷痛、沮喪、麻木、無疾而終的時刻？其實，你沒有想像得那麼孤獨。

打開這本書，你會得到某一種程度的安慰，因為這就是成大事的人會走過的辛酸路。因為你堅持理想，所以沒有夢的人恨你不合群，硬要把你抹黑拉下；因為你重複專注，所以好幾百個甚至千個夜晚，都是自己一個人努力熬過。

精英之所以是少數，並不是因為想走這條路的人少，而是絕大多數的人沒過一個寒暑就放棄了，就像每年的新年新計畫，而有的人則是熬了一年卻因為人云亦云而妥協。最後，只有堅持自律熬了兩年、三年的你，才有機會在一個點迸出被世界看見的火花。所以，不要怪罪自己沒有機運，輕看那些已經有影響力的人，嫌惡他們那麼輕鬆就拿到權力、金錢、麥克風。他們在上臺之前的幾年光景，正是因為他夠努力，才會看起來毫不費力。

蔣勳老師說：「孤獨是生命圓滿的開始。」人生的精彩你可以自己決定，但前提是，你得領略孤獨的價值，才能換回自由的勇氣。

——**鄭俊德**（「閱讀人」主編）

自序

人生是未解的謎語，但你永遠不會獨行

生命，是一場未知的旅程，你不知道會在哪個路口遇見誰，也不知道會在哪個瞬間，走失在茫茫人海中。

《那些年，我們一起追的女孩》上映那會兒，不只校園，都市的角角落落盡是甜蜜的味道，空氣裡飄著粉色的泡泡。電影主題曲成了街歌，每個人都在唱著：「又回到最初的起點，記憶中你青澀的臉，我們終於來到了這一天。……」

那是我們都回不去的從前，也正因回不去，才更顯得美好。

我清晰地記得，電影中柯景騰和沈佳宜外出約會，一起吃雞蛋冰，攜手放天燈。白日放歌，青春作伴，這是十八歲會做的事。

電影上映一年之後，我也去坐平溪線小火車，在平溪吃了雞蛋冰和香腸，在十分放了天燈。古早的礦區搖身一變，引來心有情絲的少男少女，溫暖有愛，細膩清新，這就是我當時對臺灣最深的印象。

可現在回想，更打動我的卻是十分的天燈，洋溢著一種充滿世情的隆重：無分男女老少，不問五湖四海，扯起紙面，拿起毛筆，就是鄭重其事的表情。求發財，求姻緣，求健康，求萬事如意。然後閉目合十，再點起火，看天燈在煙塵的助推中飛升長空，和別人的願望構成一幅共同的風景。

當內心的渴求構成言語，落到字句，難免就有期許。期許隨天燈在浩蕩遙遠的空中搖曳，是高掛的命運的隱喻，也是未解的人生的謎語。

這本書是我的天燈。過去兩年的寫作與生活，在此有一個集中的記錄。書來到了臺灣，彷彿天燈上多了個激勵感甚強的名字——《成大事者，都敢對自己下狠手》，應和著人生這條路，都是在和自己拚鬥中不斷提升的過程。但它又不是喁喁獨語。就像天燈不會孤懸在天幕，我相信自己這番感慨與思考，也能找到並打動那些會心人。

雖然略顯僭越，依舊要感謝這劇變的時代，讓我持續的表達慾找到一條合適的管道。要是沒有素昧平生卻一貫支持我的讀者，這一路會去向何方，恐怕還是個疑問。和你們的每次相遇、相知和相談甚歡，或者驚奇，或者平淡，都給我感動與回味。借用芥川龍之介的話說：「刪除我一生中的任何一個瞬間，我都不能成為今天的自己。」沒有你們，我也不會是今天的我。

在可見的未來，寫作是我不願放棄的追求。為此，夢想的旗幟底下，其實藏著難以言說的迷茫與慌張。但我想，這也是好的，能把堅強與軟弱、成熟與幼稚都定格下來，卸下行囊，再輕裝出發。就像回望兩年前，能看到那個莽撞發願又拚命努力的自己的話，我也想對他說一聲：謝謝。

我的朋友張怡微在推薦語裡寫，我有兩個世界，「自己的世界是用最直接的人生經驗與生活搏鬥而來的體會，外部的世界則像我們隨時走進書店買下一本書，夜晚與孤燈相伴的片刻安寧。」

每每我試圖連通兩個世界，眼前會浮現出一個和我相似的人：有惶恐，也有堅定；有悲傷，也有快樂；有怯懦，也有孤勇。面對生活猝不及防地奉上的諸多不確定，願意用力地笨拙地不計代價地去尋求一個解答，翻開一個謎底。

如果你也是這樣的人，與你相遇是我的運氣。

一句說濫的話：「人生是單行道，沒有回頭路。」可認識再接受這一點，或許要花上好幾年。期間的愛與痛等量齊觀，笑與淚相差無幾，跋涉過泥沼穿行過沙漠，才更懂得草木青蔥的珍貴。

對此，有人早慧而悲觀起來，有人歷劫又宛如新生。前者容易，但我希望更多人選擇後者。

所有人都在唏噓「我本可以」，我卻固執地想說一句：無論走到哪個階段，你仍然有機會。人生永遠是未解的謎語，你以為的結局，無非是另一個開始而已。

維斯拉瓦・辛波絲卡（Wislawa Szymborska）有本詩集叫《萬物靜默如謎》，裡面有一句詩：「我偏愛寫詩的荒謬，勝於不寫詩的荒謬。」按說直抒胸臆會壓縮詩的空間，可這番姿態卻叫我深深折服。

假如荒謬是生活的本質，願你在未知與迷惑裡，依然步履不停。因為，即便是無垠的荒野和無邊的黑暗，你永遠不會獨行。

目錄

Part 1 成大事者，都敢對自己下狠手

Part 2 平凡的一生真的那麼可怕嗎？

Part 3

感謝你，陪我跋涉人生的山川

Part 4
明知不可能，還要不要去追求？

Part 5
只有無趣的人，才把有趣當春藥

Part 6
外面的世界很精彩

Part 7
驚豔了時光，溫柔了歲月

成大事者，都敢對自己下狠手

Part 1
成大事者，都敢對自己下狠手

那些惜時如金的人，
總是極盡所能地管理過度的欲望，
克服天然的惰性，
在和自己抗戰的過程中不斷超越提升。

上天不會厚待你，
但自己可以成就自己。

不走捷徑，才是最快的道路

香港專欄作家陶傑有一則廣為傳播的金句：「當你老了，回顧一生，就會發覺，什麼時候出國讀書，什麼時候決定做第一份職業、何時選定了對象而戀愛、什麼時候結婚，其實都是命運的巨變。只是當時站在三岔路口，眼見風雲千檣，你作出選擇的那一日，在日記上相當沉悶和平凡，當時還以為是生命中普通的一天。」

生命的奇妙在於，突破界限的尖峰時刻，往往藏匿在持之以恆的拉鋸之中。而說時容易，要真切地懂得，除了親身蹚過泥濘的溝壑，穿越曲折的河流，別無他法。

和身邊很多同齡人一樣，我前三十年的人生還稱得上順遂。兒時學習也好、玩樂也罷，多少依仗投機取巧。大考過後，進入素以「閒系」聞名的新聞專業，論文考試都是臨時突擊。凡有快車道可走，毫不猶豫，從來沒把下苦功夫放在心上。也是因此，很長的時間裡都談不上蛻變，成長只在緩慢的軌道上延續。

最直觀的轉折，發生在二〇一一年。畢業在即，想謀求對口的工作，我提早一年到本地一家主流媒體實習。

在那裡，我受到很多優待，也付出不少努力。除了日常的採訪寫作，還想著和大家打成一片，於是去了解每位老師的星座脾性，和文藝女青年聊電影，聽新媽媽分享育兒經。報社搬遷的當口，還會充當滅鼠先鋒，在偌大的辦公室循著氣味，捕捉誤食毒藥的「四害」。

彼時的生活也不算幸運。家裡有長輩生病，平生第一次等在空曠的手術室外，守著時開時閉的電梯，看著有關無關的人流，內心茫茫一片，像汙染指數爆表的霧霾天。

如是又拖了三四個月，每天從城市的東北換乘地鐵到西南，盼著筆試面試早日到來，得到的卻是暫停招聘的噩耗。那時候矯情，認定此天亡我，非戰之罪，滿腹牢騷，輾轉去了另一個單位。

很多個夜晚，當車馬的喧囂歸於平寂，有閒暇發呆，我都為遭遇的不公而煩惱。隨之而來的，是對宏願難酬前途未卜的憂慮。如果當時鑽在牛角尖裡，沒能想通，眼下的一切都會是另一副模樣。

回頭看看，人生充滿了「危險」，每一次抉擇同時意味著失去。可放下對最想要的東西的執念與貪圖，也會發現，每一點付出都承載著命運的深意。

§

在我從小所受的教育裡，努力的地位，是遠低於天賦的。好像天資聰穎的孩子更為老師喜歡，而拚命付出，看起來總有些笨拙。

幾乎所有人都認定，讀書這件小事，分分秒秒專心聽講，回家功課兢兢業業，花了老大力氣才考個好成績，算不得什麼能耐；有一搭沒一搭地學著，該打遊戲打遊戲、該談戀愛談戀愛，還能名列前茅，才是真本事。

不時還會有那種招人嫌棄的同學，拿到一張九十多分的試卷，情緒低落地說：「哎呀！這次表現好差。」考前分明死命K書，卻始終堅稱在玩。在這背後，邏輯預設是相通的：認真是蠢笨之人的選擇，智商欠費才要拚命努力。

最近有一句流行語：「認真你就輸了。」我批評電影價值觀扭曲，會有人說，生活壓力那麼大，進電影院不就找個樂子，認真你就輸了；我講述愛情裡人性的曖昧和陰暗，會有人說，人活一輩子，睜一隻眼閉一隻眼，認真你就輸了；我寫流行歌曲的故事，提及明星的輕浮或辛苦，依然有人說，娛樂圈不就這麼回事，認真你就輸了……

按我理解，認真你就輸了，本意是一種寬慰。凡事不必偏執，更不要鑽牛角尖，行至死路，不妨留一點後退的餘地。這裡的「認真」，對應的是「不知變通」。

可很多人援引這句話，論頻繁程度，儼然已經以此作為大量事情的前提。還沒有付出什麼，就做出超然物外的姿態，乍看是一笑而過的瀟灑，實質是無所作為的消極。在這裡，「認真」關聯的是「努力」。

接觸更多人，經歷更多事之後，我漸漸懂得，人和人的天資固然有別，但差異到底有限。最可怕的是，那些才華卓著的人，仍然不放過任何一個努力的契機。

有一個喜歡的作者曾經分享過寫作心得：但凡看到好玩的段子、點子，不拘長短，不論新舊，都要用電腦記錄下來，分類保存。

有人不解，這樣的工作繁複而機械，為什麼要堅持？她的答案是，重新記錄，是一次記憶；定期溫故，又是加深印象。在寫作的時候，對某件事、某個人、某句話有印象，再回過頭檢索，就能一擊即中。乍看之下，這種認真似乎並無大用，但細究起來，卻節省了更多時間。得法的認真，絕不會白費。

身邊有一些網紅朋友，時常遭遇非議，最多的評價就是——

「不就是寫得勤一點，為什麼能紅？」

「不就是平時讀書多一點，也沒什麼了不起的。」

每每這種關頭，我都一笑置之。旁觀者可能永遠不會明白，為了寫出更好的內容，他們看電影逛街的時間，有人會用來寫作；他們下午茶、流連酒吧的當口，有人會用來思考；他們未必經歷過吃一頓飯電腦要開合六次，未必知道在飛機火車上仍然抱著筆記型電腦是怎樣一種體驗……

而對認真的人來說，這些不過是家常便飯。

在普通人為小機率的僥倖歡喜不已的時刻，胸懷更寬廣的強者連喘息的間隙都鮮少留給自己。改變自己是最難的，聰明人要超越捷才與機敏的局限，轉向平心靜氣的踏實，也許是更曲折的成長。

認真不是原罪，不必恥於承認。相反地，隨口的「認真你就輸了」，倒像是在不經意間對自己荒疏和懶惰的開脫。直到今天，想到讀書時的幼稚，我都頗感羞愧。

錢鍾書先生堅持，越是聰明人，越要懂得下笨功夫。不認真的人生不值得過。如果一定要以輸贏論，認真能不能贏，或許未必；但不認真，一定離輸家不會太遠。

§

臺灣藝文界很喜歡一個意象——山丘。吳念真寫〈無言的山丘〉，後來拍成電影。在礦鎮上，普通人都有各自的辛苦和掙扎。山丘就像命運，無聲無息，卻俯瞰人間的一切。

至於李宗盛的〈山丘〉中「嘻皮笑臉面對人生的難」、「不自量力地還手直至死方休」能夠傳唱一時，也足以說明問題。

我們為什麼會被山丘打動？因為想像總是容易，而人生的內核卻是不期然的艱難。

找工作面臨的不公平是艱難，上有老下有小，從自顧不暇到肩負家庭是艱難，想成就點事業，遭遇人事的齟齬，同樣是艱難。

臺靜農晚年替人題字，往往用《左傳》和《列子》的集句：「人生實難，大道多歧。」趁年輕就體察這一點，然後去遵奉、去踐行，是莫大的幸運。

付出總會有收穫，只是未必以期望中的方式回報給你。而所有的界限，都會在堅持的過程中悄然突破。

人生如登山。山在眼前，總是巍然難越的陰影。一旦甩在身後，也不過是風流雲散和會心一笑。不走捷徑，才是最快的道路。

成大事者，都敢對自己下狠手

很長一段時間裡，我和老婆大人都睡到自然醒，扒開眼皮一看手機，已經九點半。匆忙洗漱更衣，街邊買個便當，在車上三兩口吃完，趕到公司將近十一點，整個上午算是泡湯了。

痛定思痛，我向老婆大人許下一個狠毒的誓言：每天七點半起床。如果非要給這個誓言加上一個期限，我希望是一輩子。

目前這項在個人歷史上曠古爍今的計畫執行了三個月，伴隨啁啾鳥鳴和微涼曙色，我拯救了幾十個本可能虛度的上午，翻完了不少振奮人心的好書。

以前看作家自述，不少人提到五點起床的高效，當時還將信將疑。**自從親身體會了，才明白那些惜時如金的人，如何極盡所能地管理過度的欲望，克服天然的惰性，在和自己抗戰的過程中不斷超越提升。**

我的性格裡有種不服輸的勁頭。小時候考試，但凡沒拿到第一，內心總有一口咽不下的氣，要是讓人看輕了，也會記在內心的小黑本上，從此默默努力，等著對無知看客打臉的那一天。老婆大人時常不無憂慮地說：「雖然你是獅子座，內心卻住著一個天蠍座。」

等到成熟一點，格局拓展了，懂得不計較的好，可行事的細節裡還帶著某種偏執。比如我愛吃白蝦，每年新鮮上市的節令，總要買兩斤回家，用鹽水煮了慢慢吃。別人都嫌煩放棄了，我卻偏要一個個吃完，舌頭破了也在所不惜。

比如我去西安，朋友請吃飯，有掰饃的環節。東道主說了，資深食客要掰成米粒大小，初來乍到弄成黃豆就行了。一塊巴掌大的白饃，我就在那兒硬是掰了二十分鐘，只為用一顆顆「米粒」證明，手活兒這事無分新老，只看耐心而已。

這種認真其實挺無謂的，甚至還略顯荒唐。可自省的同時，我依然「本性難移」，不經意就會提醒自己：別把襟懷要寬廣、遇事別執念當作潦草敷衍過完一生的托詞。對絕大多數普通人而言，主要矛盾還是不敢逼自己太甚。

§

網紅經濟成為熱潮之後，有一種流行的觀點：不就是姑娘妝化得濃一點、衣服穿得少一點，憑什麼日進斗金？

除去少數極端個案，在法律政策允許的範圍內，每個人都有選擇營生的自由。追隨與否，並不強求，但道德抨擊就顯得無聊了。

事實上，網紅的營生一點都不容易，蘊藏著太多鮮為人知的努力。我曾經聽身邊一個眾口稱讚的美女講述網紅之路的挫折史。光是打光的燈具和自拍的鏡頭，就有成百上千種。至於怎樣確保美美地出現在鏡頭前，就更是大功夫。要調整作息睡足美容覺，要規律飲食不懈運動，要像神農嘗百草一樣試遍各種化妝品和護膚品，要在浩如煙海的衣服鞋包裡搭出獨一無二的品味……哪怕唱歌跳舞，也少不得訓練精進，遠非一朝一夕就能速成。

捫心自問，不論哪一條，都是天大的難題。可偏偏有大量不願奮鬥的平凡人，要從「戲子」乃至「婊子」的角度來審視他們。

那不妨再講一個「戲子」的經歷。

印度國寶級影星阿米爾罕，五十多歲的年紀還擁有一身遒勁的肌肉。在電影《我和我的冠軍女兒》裡，他飾演的角色年齡從十九歲跨越到五十五歲，身材變化極大。為配合演出，向來自制的他集中攝入高熱高脂食品，油炸食品、冰淇淋生冷不忌，半年時間裡增重二十七公斤。一百七十公分的身高，體重達到一百公斤，連簡單走動都會氣喘吁吁。

有人問阿米爾罕，為什麼不用技術解決，而是採取那麼恐怖的方式？他說：「如果用特效化妝，我就不能演出真實發胖的樣子。」

更驚人的是，演完中年發福，阿米爾罕馬上啟動減脂計畫。起初，他連基本的跑步機有氧練習都難以完成，可此後的五個月裡，他每天登山三小時、舉重一小時、游泳及水上訓練一小時、網球一小時、自行車騎行兩小時，並嚴格把關攝取的食物。那個熟悉的阿米爾罕回來了，還順便體驗了一次胖子的人生。

§

讀書當時，有朋友推薦哲學家西塞羅的《有節制的生活》。雄辯家關於制度和法律的滔滔不絕，我忘得差不多了，可書名卻從此印在心裡。

所謂節制，無非是對自己的貪嗔癡說不。看完阿米爾罕的故事，除了目瞪口呆，我也更能體察堅持背後的不易。在微信的朋友圈裡看到朋友打卡健身、吃草減肥，我再也不會嘲笑譏諷，反倒真心發願，期盼他們成功。

因為我真正理解了：想成大事的人，都敢對自己下狠手。

我願意幫你，但請你先做好自己

蔡康永一直是我心目中的大暖男，有風度、會說話，再雞湯狗血的話題，到他嘴裡，都會變出一套體面的說辭。

可是有一次，他講到高曉松約大家聚會，早上十點半約了吃涮肉、喝白酒，如果當時不是有「非常學識淵博的學者」和「一直都很喜歡的大作家」在場，而是兩個蠢蛋，他根本不會去。理由很簡單——「我已經沒有時間浪費在測試別人比我蠢到哪裡去這件事。」

這段話讓我感觸很深。溫和紳士如蔡康永，應該是極盡體諒的啊，怎麼會說出這種有點苛刻的話？可是轉念一想，像他這樣忙碌的人，最寶貴的就是時間。如果無休止地應酬或幫助別人，自己的事情又該如何處理？

§

因為做微信公眾號，總有素未謀面的人或者「朋友的朋友」來聊「商業合作」。可能是看中我的公眾號裡女性讀者多，經常會有女性用品客戶來詢問。其中有不少自帶傳銷體質，開口就是：「我們是面膜品類全網銷量第一。」「我們的BB霜在華東地區銷售每年數量加倍。」然後，這些創始人或者總代理，就會拋出最經典的一句：「你幫我們寫篇免費文章，我們銷售分成。」

你們的產品我聽過嗎？身邊有人向我推薦背書過嗎？我和你們很熟嗎？出於禮貌，我會回覆：「不好意思，一般不做這類合作。」

在我有限的經驗裡，從來沒有一個人回覆我「好的，謝謝」，就此沉默都算是體貼了。好幾次，對方是直接甩話過來：「我們找你是看得起你！你不做，有的是人等著做！」

承蒙厚愛，走好不送。

有這種「全世界都欠我五百萬」的心態，你怎麼還做傳銷呢？

還有一些，在飯局或論壇上見過，加了微信，從此再無聯繫。忽然有一天，跳出來問你：「我想做個微信公眾號，能不能幫我制定一份規劃？」

哪怕心裡覺得莫名其妙，面子上掛不住，我還是會簡單地列幾條要點，以供參考。可能提出這種要求的人通常臉皮不薄，不達目的誓不甘休，他們會得寸進尺地問你：「個人能開公眾號嗎？原創標籤怎麼申請？你能不能再講細一點？」

世上就是有這麼一種人，上網搜尋一下就知道的事情，偏偏要問。搜尋多煩啊，要準確輸入關鍵字、要大量瀏覽，還未必有準確的結果。看你做得好，問你一聲，你答一下不就完了嗎？

在他們心裡，只有自己的時間是值錢的，拿最基礎的問題去打擾別人，那都不算什麼事。

§

相信你們也遇過張嘴就來的人——你英語好，能不能幫我翻譯一下？你做市場的，幫我補強一下這份簡報檔吧？你學醫的，替我看下這份報告，還不是舉手之勞？

我就奇了怪了，「舉手之勞」不應該是幫助別人的人掛在嘴邊的客套話嗎？怎麼成了求助者理所應當的藉口了？我有什麼義務幫你嗎？

我不是鼓勵冷漠，也不是支持自私。互相幫助、彼此欣賞，是非常重要的人生體驗。問題是，有人興沖沖地跑過來「你抬我呀你抬我呀」，管你抬得多累、多不情願，等他們給抬到一定高度了，拔腿就跑。在這種不厚道的人身上，還是少浪費精力為妙。

交情交往，是先交往，才有情意；而交往交往，當然是互助互惠，才有知恩知意。

曾經有一個陌生人，透過諮詢類APP來約我。見面之前，她列出問題的大綱，提供行業的概況，我也透過郵件回覆了基本的觀點。因為事先做了功課，當天聊得無比順利。

也有一些很嚴謹的合作夥伴，把目標、時間、期待、報酬等一應事務都羅列清晰，做摘要都用簡要的PPT。哪怕未必達成合作，至少很欽佩他們的敬業。

當一個人萬事俱備地來找你尋求幫助，說明真的尊重你、你是真的重要。也正是因此，你會回報最真誠的態度和最專業的服務。甚至有時候，你都不覺得是幫忙，因為對於自己，也可能是別開生面的教學相長。

至於任何準備都不做、順手為之地求人，或者半點關係都沒有、理直氣壯地詢問，就不必羞於拒絕，直接回覆他們：「對不起，我很忙的。」

我願意幫你，但請你先做好自己，專業一點，上心一點，努力一點，不要浪費別人寶貴的時間，也別讓別人輕易就看輕了你。

為什麼堅持，想一想當初

安東尼．特羅洛普（Anthony Trollope）是十九世紀頗受歡迎的英國小說家。起初，他在郵局工作，兼職寫小說。走紅之後，他每天早早起床奮筆疾書，完成規定的寫作量，再去郵局上班。據說，倫敦街頭四處可見的紅色郵筒，就是特羅洛普的傑作。他在郵局的職位一路晉升，不論寫作任務多繁重，始終沒走出全職作家那一步。

一八八二年，特羅洛普離世，作為遺稿留存的自傳公諸於世。時人對他數十年如一日的規律乃至死板大失所望，以至他的文名都一落千丈。

在讀者的心裡，小說家就應該擁有五彩斑斕的人生，沒有奇情、缺少浪漫，那些波瀾壯闊、峰迴路轉的情節竟然是在每天兩點一線的路途上構思的，這該多無趣？

比特羅洛普更知名的是法蘭茲．卡夫卡（Franz Kafka）。眾所周知，卡夫卡也是一個「業餘」作家，大量時間要消耗在布拉格的保險公司裡。除了偉大的文學天賦，卡夫卡還是一個勤懇踏實的能吏。在他因英年早逝而頗為短暫的職業生涯中，從未有片刻的偷工減料，一旦卡夫卡沒法上班，公司的正常運轉都會受影響。

類似的例子還有很多。康德每天下午四點要在柯尼斯堡的小鎮散步，街坊鄰里都把他視作行走的時鐘；村上春樹三十年如一日地跑步游泳，每年參加全馬，不定期挑戰鐵人三項，哪裡看得出是快七十歲的人？

這些大家都並沒有按照世俗的想像，過著紙醉金迷的生活。他們極度自律，冷靜到幾乎有點冷血。可事到如今，仔細想想，會不會正是克制與堅持成就了他們？

§

近來經營閱讀社群，和網友一起讀書，隨著時日推移，見到人和人的差異。積極的人總是跑在進度前面，事先預習、事後複習，還會拋出接二連三的問題。細看問題，有引文、有洞察。隨性的人則基本靠催，且未必有什麼大用。給觀點，囫圇吞下；給方法，置若罔聞。就這麼沉默是金，也算是讀完了一本書。

每個人的生活有別，性子不同，讀書事小，未必有什麼深意，也不必拔到什麼高度去評價。但同一件事，是不是投入，能不能堅持到底，經年累月，就會發現差距。

自由接案之後，常有人問我，想靠寫作謀生，一年要讀多少書寫多少字？我沒細數過。想來也就看一、兩百本書，寫上幾十萬字吧。可這個答案換來的，每每是他們驚惶的眼神和張大的嘴型，我反倒訝異起來。

這就是我選擇的工作，我也非常享受。當生理和心理的疲憊來襲，熱愛本身就構成堅持的動力。何況，一旦除以三百六十五天，也並非多艱鉅的任務。可灰心喪氣的失敗者，往往就倒在那一點點日積跬步和水滴石穿裡。

人的天資固然有高下，但以多數人的努力程度，還遠沒到拚天賦的階段。

§

現在流行一個說法叫「斜槓青年」，意指多重身分，擅長跨界。這個詞的源頭來自英文單字 Slash（斜線）。在《紐約時報》專欄作家瑪希・艾波赫（Marci Alboher）撰寫的《不能只打一份工》（One Person/Multiple Careers：A New Model for Work/Life Success）裡提到，現代社會裡，有一部分人選擇多元職業和工作，並以此作為自己的生活方式。譬如記者／心理諮商師／攝影師，或者程式設計師／旅行家／烘焙師。每一道分隔的斜槓，都意味著嶄新的可能。不同的道路形成交集，又有截然不同的樂趣。因此，「斜槓青年」成為競相追逐的標籤。

我有一門自媒體課程，收到過一條提問，大意是說，身為一個斜槓青年，開了一個微信公眾號，這也試過，那也玩過，卻不知道怎麼讓自己更有影響力。

我不識趣地回覆：「**斜槓青年不是斜線青年，要先粗成槓了，再考慮斜出去跨界。**」

換句話說，王維是詩畫雙絕的斜槓青年，羅素是文理兼修的斜槓青年，笛卡爾、達文西、萊布尼茲是斜槓青年，平凡如你我，尚有萬里之遙。斜槓青年的誘惑背後，潛藏著某種悄無聲息的危險。三分鐘熱度的「斜槓青年」，興致來了就嘗試，興致退了就收手，乍一看是自由灑脫，究其本質，卻活成了新鮮感的奴隸。

人生不只是追逐表面的愉悅和快感，更講求深刻的自我實現。頻繁切換無補於事，還得依靠咬緊牙關的堅持。

剛辭職回家那會兒，我無數次遇到「打會兒遊戲再寫好了」、「先看部電影吧」、「不吃飽飯怎麼有力氣工作呢」的抉擇。但凡搖擺不定，當天的文章一定不忍細讀。至於更大的誘惑，譬如聚會、譬如旅行，一旦片刻放鬆，立馬一瀉千里，要好久才能緩過來。

李宗盛在歌裡寫：「工作是容易的，賺錢是困難的。戀愛是容易的，成家是困難的。相愛是容易的，相處是困難的。決定是容易的，可是等待是困難的。」如果拉出一條貫穿其間的精神線索，想必就是：放縱是容易的，堅持是困難的。

§

這是一個浮躁的時代，太多人愛計較，總問付出為何沒有回報。其實獲得的背後都有命運的標價，堅持的背後也有未知的深意。福兮禍兮，只有堅持到謎底揭開的那一刻，才真正知曉。

我所見的能人，之所以成就卓著，因為他們並不貪戀三分鐘熱度，而是享受一輩子的堅持。談一輩子似乎漫長得可怕，可拆解開來，都在一言一行裡。也許是健身的習慣，也許是興趣的養成，也許是語言的訓練……只要不放棄，肯投入，自然能找到專屬的標籤，走出與眾不同的人生路。

關於周星馳，有一段流傳甚廣的心靈雞湯故事：一次採訪之後，記者請他在照片上贈言留念。有那麼一刻，周星馳流露出難過的表情，然後歪歪扭扭地寫下一行字：「為什麼堅持，想一想當初。」

往昔歷歷，白雲蒼狗，不如意事常八九，可與人言無二三。我也會想，如果沒有堅持，或許就沒有《喜劇之王》，沒有海量的銀幕經典。那些五味雜陳的「當初」，也不過是湮沒於喧嘩的普通市井故事而已。

煩囂城中，如你如我，就不會有那麼一刻，想要穿越到人生的後半段，看看自己究竟能做成什麼事，活成什麼樣子嗎？關於未來的可能，我有無限好奇。正是因此，今天的堅持，才別有深意。

關於別人的生活，我們可能一無所知

《人類簡史》裡有這樣一段。

一九六九年七月二十日，尼爾．阿姆斯壯（Neil Armstrong）和伯茲．艾德林（Buzz Aldrin）踏上月球表面。這是他們的一小步，人類的一大步。

為了邁好這一步，登陸前的幾個月裡，阿波羅十一號的太空人都在美國西部一個環境類似月球的沙漠裡受訓。那裡恰巧也是幾個美國原住民部落的所在地。

於是，一個傳說誕生了。

有一天，受訓的太空人邂逅了一位上了年紀的美國原住民。老人問，你們這些奇裝異服的人究竟在搞什麼把戲。太空人回答說，他們來自一個研究探險隊，不久後就要上月球了。聽聞此言，老人沉吟良久，問太空人能否幫個忙。

「要幫什麼忙呢？」太空人好奇地問。

「是這樣的，我們族人都相信我們的聖靈住在月亮上。不知道你們能不能為我們族人帶個重要的口信？」老人央求道。

「要帶什麼話？」太空人追問。

老人用族語說了一大串，並讓太空人重複再三，直到確定他背得滾瓜爛熟為止。

太空人還不死心，想弄清這串「咒語」的意思。

「啊，這是族人和月亮上的聖靈之間的祕密。」

太空人回到基地，按捺不住心中的疑惑，費了九牛二虎之力找到一位會講當地語言的人，把這段話嘰哩咕嚕背了出來。

翻譯簡直要笑倒了。原來，太空人死命背下來的話是：「不管這些人跟您說什麼，千萬別相信他們，他們只是要來偷走您的土地。」

這個故事影射的當然是帝國主義者的撻伐與征服。但我卻從中讀出了另一層意思：**關於別人的生活，我們可能一無所知。**

§

新媒體時代放大了很多焦慮，其中最為典型的，就是盯著別人的生活不放。

隨意列舉一些標題，想必大家都不會陌生：「年入百萬和年入十萬的差距究竟在哪裡」、「為什麼你的同齡人早已中產，你還掙扎在溫飽的泥潭」、「你離買兩百坪的大房子，只差這一點」。

囿於眼前的現實，卻熱衷成功的彼岸，要不是凝神細看，還錯以為是穿越到了《大亨小傳》的年代。可全民發夢的背後，對於期待的生活，我們卻連基本的了解都不願去做。

有次在網上亂逛，撞見一則貼文。發起者問，從小城市到上海念書，熬過辛苦的求學時光，謀到一份穩定的工作，從不偷懶，也不抱怨，終於在三十歲達到了月入三萬人民幣。因而，他有機會去夠一夠夢中的房子，結果卻發現，「月入三萬元卻連三十坪價值千萬的房子都供不起」。

我很佩服他的勤勉自律。用上海話說，這份牢騷卻是「發糯米嗲」（編註：矯情、做作之意）。稍有經濟學常識的人都知道，房地產價格由多種因素共同決定，學區政策、周邊配套、交通設施……牽一髮而動全身。換句話說，當你選擇一間上千萬的房子，與其說是繳清頭期款和貸款，更像是負擔一種生活方式。上千萬的房子寬敞、舒適、體面，但小到買菜購物，大到教育養老，成本自然隨之上升。

靠奮鬥換來扎根置業的機會，值得稱許，但小有所成就好高鶩遠，實力未到卻心生怨念，未免毫無必要。

要知道，真的依靠自己努力住進豪宅的人，其實並沒有醉心房子的時間。他們有更重要的事情想完成，有更緊迫的目標要實現，工作全勤哪裡會拿出來誇耀，打著點滴還不忘透過電子郵件指揮，不過只是基本的底線。

沒錢的人永遠幻想財務自由，然後環遊世界。可我所見的身價上億的人，固然也要放鬆，卻從來沒有金盆洗手的那一天。當錢不再是困擾，人生的意義就要重置，攀得更高，再往上只會更辛苦。

不是每個在機場候機室看馬雲演講的人都能到紐約證交所去敲鐘，也不是每個聽著李笑來長大的人都能找到通往財富自由之路。雖說幻覺是人類進步的階梯，夢醒時分，還請照照鏡子，認清自我。

§

我每天基本上準時醒來。因為天光漸亮，樓下的房地產仲介就要列隊集合，開展狼性的精神喊話，經理喊一句，全員跟一句。有次我分明聽到經理的嘶吼：「我們是團隊，不是犯罪集團。」從此，對房地產仲介的口若懸河和自知之明深為折服。

當喊話結束，仲介員工們挺胸收腹，昂首高唱零點樂隊的《相信自己》。自從房市興盛，我的手機鬧鈴再無用武之地，雷打不動的「相信自己，喔哦哦哦哦」，構成了我生理時鐘的一部分。

偶爾我會想，仲介戲劇性的「強心針」裡，有多少由衷的因素，又有多少表演的成分？他們是真的相信自己，還是勉力靠勸服維持生計？當暴漲的房市讓金牌銷售員開上了豪車、戴上了名錶，他們是否會迷惘，紙醉金迷和晝夜不息，哪一個才是他們想要的命運？

但更多時候，我好奇的是，名校畢業的有為青年和房地產仲介的差別何在？為了跨越階層而躊躇滿志的年輕人，能在多大程度上想像乃至追求功名利祿之外的人生？如果賺錢是能力，這些就屬於智慧的範疇吧？

蘇珊．桑塔格（Susan Sontag）有一本講述戰爭攝影的專著，叫《旁觀他人之痛苦》。她提示我們，不忍觀瞻的影像儘管能喚起悲憫之心，但無能為力的感受同樣也讓影像顯示出多餘且荒誕的一面。如果缺少獨立思考，直接向影像的內容投降，我們的判斷力將越來越弱。因此，想要正視他人的痛苦，距離感尤為重要。

仿照別人的樣子來生活，註定是緣木求魚。如果我們真的無法把目光從別人身上移開，至少應該理解，那些外人以為的悲喜，遠不是看上去那麼簡單。

§

朋友跟我說，她參加了一個滿是海外留學歸國精英的五百人大社團。有一回，社團裡如火如荼地討論一個問題：那些年收入五十萬人民幣的女生，都在和誰談戀愛？

不是風華正茂的帥哥，不是事業正盛的精英，也不是家財萬貫的老闆。正確答案是：她們沒空談戀愛。

你眼中的圓滿，未必是別人的充實；你眼中的蜜糖，可能是別人的砒霜。人生若要無悔，唯一的前提是：閉上眼睛，聆聽內心，把裁量決斷緊握在自己手裡。

每天專注地重複，只為對得起光陰歲月

「一旦你決定好職業，你必須全心投入工作之中。你必須愛自己的工作，千萬不要有怨言，你必須窮盡一生磨練技能。這就是成功的祕訣，也是讓人家敬重的關鍵。」乍看這段引語，或許會認定是成功學的流毒，可話從小野二郎嘴裡說出來，又是截然不同的意味。

東京銀座地鐵站附近，有一間名叫「數寄屋橋次郎」的壽司店，位於地下室，門廳狹小，木柵欄圍起僅有的十個座位，連廁所都在店外。雖是方寸之地，卻需要提前一個月訂位，一餐僅十五分鐘，最低消費三萬日元。

可吃過的人都說，這是「值得一生等待的壽司」。

理由無他，全球年紀最大的米其林三星主廚小野二郎坐鎮於此。每一位食客，都能得到九旬高齡「壽司之神」的專屬服務。根據食客的性別、愛好和用餐習慣，二郎會精心安排座位，時時關注用餐情況。遇到左撇子，連壽司的擺放都要特意調整。

日本人將小野二郎稱為「職人中的職人」，奉為國之珍寶。但其光鮮背後的專注，其實更為動人。

小野二郎的一生，用他的話說，是「和工作墜入愛河」。嚴謹、自律、精準，是其數十年不變的追求。紀錄片《壽司之神》留下了大量動人的細節。

為了保護雙手，二郎在工作之餘都戴著手套，連睡覺也不例外；為了尋覓最優質的食材，他堅持每天親赴魚市場，所有的細節都要過問；鮪魚只從最專業的鮪魚供應商那裡進，蝦也只從蝦店買；壽司專用的醋飯製作時應與體溫一致，也要適應高壓，因此必須選最好的米……

精益求精，換來了供應商的信任。有些米專供二郎的壽司店，因為「只有他知道怎麼煮」；整個魚市場只有三公斤野生蝦，也全部給他，因為「好的東西是有限的，只會留給最好的人」。

因為「最好」二字，二郎和他的學徒付出了極端的努力。所有學徒都先從學習擰燙毛巾開始，逐步著手處理食材。如是十年後，才輪到煎蛋。有學徒連續煎了三、四個月，做出兩百多個失敗品，才得到二郎的許可。

七十歲那年，二郎心臟病發作，才將採購的重任交托給長子。饒是如此，二郎仍舊堅持：「即使到了我這個年紀，工作也還沒有達到完美的程度。我會繼續攀爬，試圖爬到頂峰，但沒人知道真正的頂峰在哪裡。」

§

日本是一個推崇職人精神的國家，小野二郎是皇冠上的明珠，卻絕非個案。哪怕僅僅局限在「江戶前料理」的範疇內，巨匠就不止一人。

一百六十年歷史的鰻魚店「野田岩」傳到金本兼次郎手裡，已經是第五代了。每個工作日，他都會在四點起床，半小時後下到店裡。那個時間點上，年輕的廚師和學徒已經陸續到店開始準備工作。

完成剖開鰻魚、剔除魚刺、串上竹籤等工作之後，金本兼次郎要趕在七點之前去一次築地市場，尋找鰻魚以外的食材。稍事休息之後，大約十一點，是野田岩的早會。忙完午餐，金本兼次郎會親自上場負責燒烤，直至傍晚。隨後而來的夜晚，又是一次漫長的旅程。

金本兼次郎把烤鰻魚比作「火盆上的戰鬥」，日復一日地鑽研火的強弱及位置、味淋的鹹淡。在他心裡，越是微妙之處，越能體現職人的責任。

「三河」天婦羅的早乙女哲哉，則在每天煎炸天婦羅的日常裡領悟匠人之道。同樣做天婦羅，乍看只是麵粉包裹食材，然後扔進油鍋，但在早乙女哲哉手裡，天婦羅卻會在製作中依照條件不同，區分成以攝氏一百度的「蒸」和攝氏兩百度的「烤」。手上的魚究竟哪個部位沾麵粉、麵衣裹到什麼程度，都藏著職人的修為。

早乙女哲哉自己也坦誠：「透過這樣的訓練所學到的技術，是一輩子跟著你，任誰也搶不走的功夫。」有人問他何謂「一流」，他的答案也是「把看似理所當然的事做到真正的完美」。

翻檢「江戶前料理」三位大師的書籍和影像紀錄，每每讓我感動不已。**一生只做一件事，得拒絕多少誘惑、忍受多少挫折，又要立下多少志向、錘煉多少技藝，才能走向職人的頂峰。一旦沉浸其中，任花開花落、雲卷雲舒，都有安心自在，又是何等幸福。**

§

現在流行說「致匠心」，匠心不是偶發的靈感，它的前提是職人之道：每天重複同樣的工作，以完美主義的姿態，將簡單的事情做到極致。

而重複，常常令普通人避之不及。

自小，我們接受的主流價值是聰慧和機敏；後來，我們服膺的內心覺醒是自由與好奇。**有意無意間，我們光為動人的部分所吸引，卻罔顧了生活的本質是漫長的拉**

鋸。一時一刻有近路可抄，一生一世卻沒有捷徑好走。

我是一個靠寫作謀生的人，拿寫作來說，天賦固然要緊，技巧卻離不開持續地捶打。初高中參加作文比賽，滿以為將事情說圓、善於修辭就是純熟。大學裡讀到汪曾祺，說成語乃是通例，未見作者個性，並非最上乘。看董橋的散文講煉字，有「文字是肉做的」之比，粗聽覺得矯情，細品也是幾十年的功夫。

因而，我堅持每天數千字的習作，很可能只是保證不退步而已；而每年讀完一、兩百本書，也不過是多數寫作者的基本標準。更多時候，唯有透過定期的鍛煉和自律的作息，才能勉強維繫上升勢頭，不至有枯竭的時刻。

德語詩人里爾克（Rainer Maria Rilke）在〈安魂曲〉（Requiem）裡寫過：「因為生活和偉大的作品之間，總存在某種古老的敵意。」要戰勝這種敵意，恐怕也唯有寄望寫作者的職人精神。

和寫作類似，彈琴、烘焙、授課、審計或者其他愈加枯燥的事項，也都靠恆久的打磨，才有幸迸發些微的火花。

在這個意義上，職人匠心是不事虛浮，是不求祕笈，是超越快慢和進退的執念，在一輩子的時光裡始終保持和自己對話。

李宗盛執筆《致匠心》的文案，裡邊說：「我知道，手藝人往往意味著固執、緩慢、少量、勞作。但是這些背後所隱含的是專注、技藝和對完美的追求……專注做點東西，至少對得起光陰歲月，其他的，就留給時間去說吧。」

也許，我們每天專注地重複，承受再多辛苦，也只為有一天，對得起光陰歲月。

成年人最大的美德，就是不給別人添麻煩

二〇一七年的新年，我去了北海道。都說日本人服務態度好，我卻差點遭遇有錢買不到東西的窘境。

在小樽商店街的蛋糕店裡，我為了一塊雙層起司蛋糕，罔顧老婆大人下達的「路上帶著多不方便，回程再買好了」的指示，和一位日本服務員小妹開展了跨語言、跨文化的深入交流。

看見美食就走不動路的我，對著櫥窗裡的招牌產品指了指，說了一聲「Kolei」（編註：意指「這個」），以顯示我深厚的日語修養。小妹嘰哩咕嚕回了我一堆日語，看我一臉和太陽肩並肩失敗的茫然表情，她又抱以標準的微笑，補給我一句：「Howlong, you take, eat?」

這下換我傻了。或許她是在說，這個蛋糕你打算吃多久，好推薦你買一個還是兩個？節制如我，一頓飯也就吃兩個全家桶，怎麼會輕易放縱自己呢？這麼個起司蛋

糕，少說也得吃三天。「Three days.」我說。

孰料小姐臉色一變：「No no no, can't three days, 胡利吉。」要不是我業餘輔修「鄉土國語」，怎能聽出「胡利吉」是fridge（冰箱）啊。但是為了吃，再多的天有異象都不足掛齒，何況是個日本小妹說「日式」英語。

我接口說：「Yeah, fridge, two days.」

這下小妹高興了，拿出一盒包裝完畢的蛋糕，又附上一層冰袋，「This, five hours. Fridge, two days.」

幾小時以後，面對美味到身後彷彿有鑼鼓喧天仙女起舞的起司蛋糕，我還會想起和小樽小妹一分鐘切換三種語言的那個下午。

回程路上我在想，反覆糾結賞味期限和保存條件，甚至寧可不賣，是出於什麼原因？生活在日本的朋友提點我，一來，日本人都希望自己的東西以最好的狀態出現在別人面前；二來，他們怕不好吃了、不像樣了，甚至不能吃了，會給別人添麻煩。

日本人最基本的人生信條，就是盡量不給別人添麻煩。

§

在我印象裡，日本的文藝作品大都追求極致。而現實中也是，論做事細至毫顛、萬無一失，我只服日本人。

有了小樽的經歷，此行但凡購買食品，我都會特別注意「胡利吉」。沒想到，在札幌的狸小路商店街，碰到了更絕的。

結帳完畢之後，收銀員老爺爺掏出一本用塑膠袋包裝的影印紙，上面用日語、漢語、英語清楚地畫著示意圖：如有生鮮或冷凍食品，請繼續往下看。如購買冰袋，多少錢、保證多少時間，請繼續往下看；如有冰箱儲存，保鮮多久。如無冰箱，哪些品類不建議購買等等。

或許是最基本的英語都不會說，老爺爺把一應狀況都考慮了進去。不期待遊客聽懂日語，不指望臨時找人幫忙，哪怕自己多做一點，也不給顧客添麻煩。這當然是生意之道，其實也是為人之法。

去年春天，我去大阪考察垃圾分類。看見沿途的馬路、公園或者車站，幾乎都沒有零散垃圾，偶爾有幾張紙片，日本人也會代為撿起，我很訝異。

精通中文的嚮導勝呂崇史對我說，日本人對公共區域極為敏感，這是自己和他人的邊界，力所能及，就不要影響他人。因此，邊走邊吃絕對是日本人的大忌。他還給我展示了隨身垃圾袋和便攜菸灰缸。

垃圾袋疊成心形，一看就是勝呂太太的妙手巧思。便攜菸灰缸就像個戴帽子的小圓柱體，掀開蓋子，就是承接菸灰的金屬內膽。我看菸灰缸不過盈盈一握，就問勝呂先生，設計得那麼小，夠你用嗎？他笑了：「我不抽菸。這是給團裡遊客以備萬一的。」

去函館朝市的路上，看到一位燙著波浪捲、戴著墨鏡、開著保時捷的女生，在海邊公路上邊開車邊抽菸。但是她不開窗，也不亂撣菸灰，車上靠近反光鏡處，架著一個便攜菸灰缸。我心裡暗笑，這不就是傳說中的「我抽菸、喝酒、燙髮，但我知道，我是個好姑娘」。

§

還有一些細節難以忘懷。

在日本從事服務業，無論是滿頭華髮的計程車司機，還是文氣纖弱的飯店櫃檯接待，但凡有客人，都會幫忙提行李箱。後來聽朋友說起才了解，為了回報體恤服務人員，日本人收拾行李時，也會把每個行李箱的重量控制在二十三公斤以內，以免給服務人員造成不便。

在需要零錢的場合，從來都配有「兩替機」，自動找零。在登別的一個溫泉酒店，我和老婆大人閒極無聊，想去打電動，摸摸口袋卻只有五千元紙幣。看著兩替機，我們也傻眼了。老婆大人說：「完蛋了，找出五十個一百元，用到什麼時候？」結果錢塞進去，首先吐出來的卻是四張一千元紙幣。

在日本，所有制度和機器的邏輯前提都是：考慮到任何可能出現的狀況，哪怕最糟糕的那種，也要提供解決方案。但凡去過日本的人，都會對服務精細和生活方便印象頗深。這一切的源頭，是根深蒂固的觀念——盡量不給別人添麻煩。

§

肯定有人會說，事事都想著不給別人添麻煩，就變得越來越冷漠。

誠然。日本人多孤獨，中國人好熱鬧，斷絕社交聯絡與人情往還，對中國人無疑是致命一擊。

但凡事有度。就我的所見所聞而言，多數還遠未達到思慮甚深以至冷漠的地步，尚且在麻煩別人而不自知的大路上發足狂奔。

很多人平日無甚交往，從微信的朋友圈瞥見你在國外，就來留言：「你一樣出個國，幫我帶個包買點化妝品唄。」

有情分在，這是舉手之勞；沒情分在，這是徒增困擾。如果十個人都來這麼一招，還遇上個老好人，這趟旅行估計得泡湯大半。

很多人口裡什麼都答應，一旦通力合作，就會不定期擺爛：你那麼擅長，一起做好算了吧，能者多勞嘛。說到後來，都搞不清這算是單純幫忙還是分內義務。

人與人的共處，當然不鼓勵冷漠，但也拒絕不理解和不體諒。合作的起點，都是盡可能先做好自己，少給別人添麻煩。

事實上，越是不想添麻煩的人，越能體諒別人的難處。和這樣的人做朋友，才更融洽和諧。可惜，在乎自己的人多，體諒他人的人少。有些叨擾是無甚自覺，有些麻煩乾脆是有意為之。

我有一個師兄，圈內頗有人望，也早已實現財務自由，出行有司機，日程有助理。可他最打動我的一個細節是，哪怕日常事務明明不必親自執行，看到桌面上別人殘留的紙屑，還是會順手清理，理由是：「打掃的人也很辛苦，自己能做的，就少給別人添麻煩。」如果成功是萬千偶然的集合，這恐怕是其中之一。

就像我一直深信，成年人最大的美德，就是不給別人添麻煩。

窮不是問題，真正可怕的是窮人思維

我有一個同學，為錢包之崛起而讀書，寒窗多年終於出頭，月入三萬人民幣，在上海算是小小中產。可他至今維繫著學生時期的消費習慣，平生最愛逛超市，不論瓜果蔬菜還是日常用品，但凡買一送一或全部特價的貨架，都是他的溫柔鄉。

新婚之際，他邀請三五好友到家中做客。我們提了水果紅酒登門，卻只能往餐桌上放。因為從客廳到臥室，除了走路的通道，都已讓促銷的保久乳和礦泉水堆滿。婚房秒變牧場，助力中國乳業，同去的朋友相顧無言。

還有一對遠親，同屬外企中層，家境殷實，出行開寶馬，寓所價值千萬，房貸也早早還清。可每次聚會吃飯，他們結帳時或者是尿遁，或者藉口回家帶小孩早退，總是能和買單的神聖時刻保持恰如其分的距離。

要說人品多差，這對夫妻遠遠談不上。但凡無須出錢，他們特別捨得出力，可一旦涉及開支，他們的事蹟就帶有某種微妙弔詭的氣息。

譬如說，相識十年，朋友聊起他們，還會說起唯一一頓由他們請客的飯局，是路邊簡陋的壽司店。千年等一回，實在太過難忘。譬如說，朋友開派對，大家分攤禮物，他們負責蛋糕，結果盒子掀開，美豔奪目的裝飾上面，擺著一圈小番茄——我見過草莓，見過藍莓，見過樹莓、蔓越莓，但小番茄配鮮奶油的組合，還真是活久見。動動腳趾都能明白，肯定又是他們的「節儉病」犯了，挑了促銷款充數。

§

無論從哪個條件來看，上面這些故事的主角都和窮毫無關係，遺憾的是，他們卻有著典型的窮人思維。**哪怕日進斗金，也只想著有所結餘，乾毛巾裡還試圖擰出水來——這只是財富的奴隸。富人會合理分配收入，時刻準備擴大再生產，希望金錢能在生命裡發揮更大的價值。**

頗有意思的是，影視劇裡時常安排出家的得道高人，語重心長地念叨「錢財乃身外之物」。可見對紅塵俗世裡的芸芸眾生而言，錢始終是揮之不去的殘念。「看到美好的東西就想變得有錢」，也和食色一樣，是人之大欲。

深究起來，窮人思維是把錢當成目的，他們往往拘泥於怎麼賺錢；富人思維則是把錢視作手段，他們關注賺錢做什麼。相比數錢數到手抽筋，或者聽著點鈔機的嘩嘩

聲怦然心動，錢的作用無非兩種：抵抗風險、享受生活。

人生無常，居大不易，金錢是最有效的抗風險手段。家裡老人患個病、孩子長大念個書，若是缺少積蓄，一切免談。哪怕是林林總總的理財產品，也不是為了每天幾塊錢的收益，而是抵禦貨幣超發和通貨膨脹的副作用。

之所以抵抗風險，當然是為了實現更多的自由。有了錢，才有奮不顧身的愛情和說走就走的旅行，才不會為不值得的人和事隱忍低頭。

至於享受生活，在條件允許的前提下，給自己安排點玩樂計畫，買些喜歡的東西裝點心情，或者單純吃幾頓好飯、看幾場電影，都是奔波之餘的必要調適。若是連這些都不捨得，賺一塊想存一塊二，硬逼自己活得一身蘿蔔青菜味，是把賺錢和幸福本末倒置。打從人類度過物質匱乏的貧窮年代，節儉就不再是眾口一詞的美德。電視和網路上四處渲染的買買買，也是消費主義盛行的縮影。這樣好不好姑且兩說，但一心要做葛朗臺（編註：巴爾札克小說中的主角，是個守財奴），倒臺在所難免。

§

還是開頭那個月入三萬的同學，在省錢的大道上，老革命遇到了新問題。公司為了聯絡同事感情活躍職場氣氛，會定期組織活動。因為已成慣例，同事之間達成默契，上司免單，其餘AA制（編註：指參與者均分費用）。

出席幾次之後，這位老兄又犯了心疼財帛的老毛病，找各種藉口缺席。久而久之，同事心照不宣，聚會再也不會叫他。相應地，上司開始給他臉色，升職加薪也和他漸行漸遠。為此他深感委屈，還抱怨上司同事不專業。

他可能永遠都沒法理解，花錢是一種社交行為。那些可以省下來的部分，都有隱形的代價。尤其對初入社會的菜鳥，拒絕一次禮尚往來，就錯失了一種合作的可能；佔了一次便宜，就堵塞了一條潛在的生財之道。

很少有坐在家中還能富甲天下的例子，錢一定是從交際中得來的。**越是心存野望的人，越會明白，錢是小道，格局才是大事**。

「財務自由」是眼下都市青年的口頭禪。但我未見一種財務自由，是仗著牟取蠅頭小利實現的。不願給別人支持、不敢為自己投資，哪怕家底豐厚，也不過是「窮得只剩下錢」。人類歷史上有一個至關重要的認識轉變：財富總量並不是一成不變的，發展得當的話，甚至會有指數級的增長。基於這一判斷，我們的先人決定彼此攜手，相信未來。這就是金融的雛形。

都二十一世紀了，仍然有無數人在金錢面前畫地為牢，只想著自己的一畝三分地，卻沒有分毫拓殖的雄心。比起一時一刻的貧窮富裕，這種窮人思維才是最可怕的。

你不是懶，只是沒找到勤快的方法

我大學主修的是新聞，不少課程無須考試，最後一堂課上交論文即可。學理科的同學看我們不用熬夜溫書，無須「白頭搔更短」地對付繁複的公式和數字，每每投來豔羨的眼光。如果再多想一點，好像還能感覺到背後射來的颼颼寒意。

即便幸福成這樣，交論文的最後一堂課，還經常發生戲劇性的事情。印象最深的是，一個朋友在老師三令五申「過時不候」之後，在下課鈴將響之前，踏進教室，遞上論文。離被當只差零點零一秒，那刺激、那酸爽，簡直像籃球場上的絕殺。課後我們問他，你幹嘛去了？他說，昨天寫了個通宵，早上還要去影印店列印、裝訂，要不是飆（自行）車過來，還真趕不上了。

成年人的生活裡沒有容易二字啊。

一開始，我們以為只是偶發事件。後來才發現，哪怕在一眾懶懶散散的文科生裡，他也永遠可以做到「能當倒數第一，絕不倒數第二」。每門論文課，他沒有出現，老師就不走，整個學期好像也少了最關鍵的一錘定音。

網上流傳過一個段子：拖延症、強迫症、選擇困難症，說到底就是懶、賤、窮。用流行的說法，他屬於名副其實的「懶癌晚期」。

我相信，誰身邊都會有這樣一個朋友。但問題還不止於此。如此極端的特例固然不多，不同程度的拖延症，卻困擾著我們每一個人。

下禮拜要上交一份業績報表，要不週末再開工吧？反正這兩天也排滿了。下個月想出去旅行一次，什麼時候找主管簽字呢？要不再拖幾天吧，看主管這兩天臉色陰晴不定的。一會兒要做個報告、寫篇文章，要不我先看部電影——沒有放鬆的心情，怎麼會有鮮活的靈感呢？

當我們要擱置一件事，總會找到千萬種理由。直到新的理由出現，才明白那些乍看合理的解釋，無非都是藉口。

§

我們為什麼會拖延？也許是煩躁，也許是疲憊，可究其根本，是因為潛意識裡的恐懼，催生出逃避的心理。

面對琳琅滿目的美食，面對張震和吳彥祖、湯唯和林志玲，面對說走就走的旅行和感天動地的美景，我們跑得比誰都快。

真正讓我們停滯的，是那些其實不那麼願意接觸，卻又不得不處理的人和事。我們擔心要花費大量的時間，也許還做得很失敗，暴露自己的無能。因此，許多事情就擱置下來，成了深度拖延的註腳。

可事實上，一旦收起對大任務的厭煩，逐步拆解成一個個小目標，也許就不那麼害怕，可行性也會更高。

比如寫一篇論文，乍看是巨大的工作量。可制定日程，每天堅持，第一天搜集資料查看文獻，第二天爬梳匯總整理思路，第三天落筆寫初稿，第四天檢查校對，稍加完善……把集中熬夜的時間剝離成每天二至三小時，身心的倦怠就會顯著改善。

比如執行一套健身計畫，想到起初的肌肉酸痛、上下樓梯都要握著扶手，心裡難免想退卻。至於每年有一、兩百天泡在健身房裡，風雨無阻，更會有「花錢買罪受」的荒謬感。然而一旦遵照訓練表，由淺入深、豐富種類，不僅能消弭宏大的擔憂，還會在自律和節制裡發現與放縱截然不同的快樂。

《紐約時報》的商業調查記者查爾斯．杜希格（Charles Duhigg）曾寫過一本《為什麼我們這樣生活，那樣工作？》（The Power of Habit: Why We Do What We Do in Life and Business），提到一個觀點：要讓人在很長一段時間內自發地做事，就需要「侵入」他們既定的習慣，透過暗示、慣例和獎賞，來形成全新的習慣。而最有效的方式，就是將新習慣分解成幾個小步驟。

把大問題細化，是鍛煉行動力；每天堅持，則是維繫良好的習慣。有價值的事，常常是一腳踩在舒適區外完成的。唯有在「喜歡做」和「應該做」之間靈活轉換，才能逐漸步入正軌。

§

我接受一些採訪，時常遇到這樣的問題：「你每天大概要寫多少字？」這類提問的邏輯預設是，寫作是熟能生巧，以此謀生的人肯定充滿熱愛。

我當然熱愛。可老實說，比起寫作，我更熱愛吃喝玩樂睡大覺，這是人性使然。之所以每天看書、摘錄、練筆，因為寫作於我，是一份興趣、一個職業。透過可操作的分解，我希望在寫作中獲得樂趣、克服焦慮，最終形成一種慣性。各行各業，按理都是如此。

以前我也很懶，現在我每天寫幾千字。可看到身邊那些妙筆生花、靈感湧動的人，還孜孜不倦地做讀書筆記，列觀影指南，從遣詞造句的方法，到編劇敘述的技巧，無不事事上心，我就告訴自己，我沒有資格拖延，我要找到勤快的方法。

之於每個行業中的每一個人，都是一樣。**我們都不是天才，但我們能透過培養習慣和提升效率，來克服「反正也做不好，不如再等等」的心理，根治拖延的頑疾。**

我們不是懶，只是沒找到勤快的方法。

Part 2

平凡的一生真的那麼可怕嗎？

人生一世，悲欣過眼，順逆交替，
誰都無從倖免。
越是如此，就越要正視世界和自我，
凡事從自身出發，
尋求些微的改變和進益。

二十五歲的你，想要哪一種人生？

素有「日本最懂生活的男人」之稱的松浦彌太郎，出過一本《松浦彌太郎說：假如我現在二十五歲，最想做的五十件事》。

在中國發行的簡體版中，身為過來人，松浦給中國讀者寫了一封開誠布公的信。他說，自己的出發點，其實是一連串的失敗。高中輟學的他，在一句英文都不會說的時候，便遠渡重洋到美國，迎接二十幾歲的人生。從時薪兩美元的工作開始，他打過各種工，終於開了一家小書店，進入出版行業，成為「COW BOOKS」負責人和《生活手帖》總編輯，「我絕對不是一擲千金的大夢想家，而是累積每一個小成功，才造就現在的我」。

一路走來，松浦「領受到周遭前輩的諸多教誨，也從不同的經驗累積各種學習法則」，以這些事物為基礎，集結成這本面向二十五歲的年輕人，講述「如何享受美好生活，以及如何面對工作」的人生規劃手冊。

譬如累積「小小的成功」，譬如堅持每次只買一本最想擁有的書，譬如養成攜帶紙筆、隨手記錄靈感的習慣，譬如越是微不足道的約定越要遵守……照松浦的意思，在二十五歲的年紀，你選擇了怎樣的道路，就將獲得怎樣的人生。

§

二十五歲的確是很多人眼中的分水嶺。

家庭聚會的場合，總有長輩的語重心長：二十五歲到了，女生就要面臨衰老的危險。要是連對象都沒有，也壓根沒想過結婚，全家的「砲火」就會此起彼落。

而默然獨處的時刻，二十五歲的年輕人也常常陷入自我懷疑的深淵。畢業有幾個年頭、工作略見起色，卻好像慢慢顯露出重複與無趣。想著每年多點時間去環遊世界，臨了卻死活盤算僅有的幾天年假，還擔心老闆不肯准假。閨蜜坐在一起，聊時尚、聊八卦、聊羚羊掛角或者草蛇灰線的愛情，好像也總是少了些確信。當煩躁和焦慮成為日常的一部分，壓力並未遠離，日子也翻不出新意。

更揪心的是，你也如此，我也如此，身邊的人似乎都是這樣。日復一日，今天成了昨天的復刻，又在明天投下影子。

可是，每每有人投來這樣的困惑和抱怨，我就會想到另一些我們無比熟悉的人，如何在各自的二十五歲裡穿越時間的魔咒，在命運的重壓下輕盈轉身，越是洗禮，越見溫潤。

§

二十五歲左右的林青霞，在李翰祥導演的《金玉良緣紅樓夢》裡反串男角賈寶玉。按常理，從《窗外》十九歲的清純少女到二十五歲，很少有人會想到她會這麼嘗試。十多年過去，當徐克拍攝《笑傲江湖之東方不敗》、王家衛執導《東邪西毒》，想到的第一人選，仍是不惑之年的林青霞。而東方不敗和慕容燕，也躋身華語電影史上難以逾越的經典。

《金玉良緣紅樓夢》裡，和林青霞配戲的黛玉，是剛好二十五歲的張艾嘉。後來，由演員而導演，由作家而編劇，《忙與盲》迄今仍是「臺灣百大唱片」的前二十名。雖然也唱「許多的電話在響，許多的事要備忘，許多的門與抽屜，開了又關、關了又開如此的慌張」，但二十五歲的張艾嘉從未停止前行的腳步。

二十五歲的鄧麗君，還在東京和臺北兩地往返，順便籌措亞洲地區的巡迴演出。如果她滿足於當下，就不會有日後五百萬張唱片的驚人紀錄和「有華人處皆唱鄧麗君」的無上榮光。

二十五歲的張曼玉，出演王家衛的處女作《旺角卡門》。假使她有絲毫的猶豫閃躲，就不會有阮玲玉、蘇麗珍、李翹和金鑲玉，華語影壇首位榮膺歐洲三大國際電影節獎項的影后，更是南柯一夢。

二十五歲的李宗盛入行不久，還沒有簽約滾石唱片，距離首張個人專輯《生命中的精靈》的發行還有三年時間。在當時，誰也不會想到，這個長相老實、偶爾透著點壞的創作人，會成為後來洞悉人心幽微的情歌聖手。

二十五歲的羅大佑寫出了〈戀曲一九八〇〉和〈癡癡的等〉，但也沒有個人專輯傍身。電影《搭錯車》裡的〈是否〉、〈一樣的月光〉和〈酒矸倘賣無〉，後來傳唱多時的〈光陰的故事〉、〈鹿港小鎮〉，也都是一年後的事。可是今天再提起羅大佑，人們都說，那是音樂的詩人、時代的歌者。

以前聽譚詠麟到處宣揚「永遠二十五歲」，覺得是再商業不過的話術；如今細想，二十五歲倒真是關鍵的節點，帶著某種富有的惶恐：眼前固然透著蒼白與貧乏，未來卻擁有無限可能。

容顏也好，內涵也罷，所有的美好與榮光，可能都始於青春洋溢的二十五歲。

如你如我，未必能達到男神、女神的高度，但年輕的本意，不就是從不放棄任何一種可能性？奮不顧身地大哭、大笑，做著不切實際的美夢，憧憬無與倫比的愛情；

把挫折和跌倒，當作生命的贈與；把成長和強大，當作歲月的祝福。

「雖然未來如何不能知道，現在說再見會不會太早」，與其為切近的煩惱傷春悲秋，不如定心細察，二十五歲的你，想要哪一種人生？

三十歲以後，誰成了我們的敵人？

有一回，我和一位長輩約在一家清簡的日本料理店裡談事情。陽光透過窗簾灑進來，照亮了他半邊的臉龐。正事說完，他抿了一口玄米茶，忽然聊起人生。

其中一層意思，我記憶猶新。他說，活到他這個年紀，該得到的也得到過了，不想失去的也難免會失去。每天歷盡疲憊回家，開車駛進低垂的夜幕，他早已慣性地做好準備，從老闆切換回丈夫、父親的角色，「只有在等紅綠燈的一剎那，出一會兒神，或是聽到電臺裡的某一首情歌，才會忽然被打動，感覺稍微做了一會兒自己」。

話音剛落，他仰頭把陶瓷杯裡的茶水喝完，像是要將空洞又難以名狀的悲歡一飲而盡。

如果是從前，我肯定嫌他的話裡有故作深沉的矯情。可我也快三十歲了，好像有了那麼一點懂得。

看看身邊的同齡人，倍感壓力的那些，絲毫不掩藏各自的煩惱；乍看順遂的那些，也滿是不足為外人道的苦衷。開玩笑的時候說，哪裡需要到不惑之年，但凡是「上有老，下有小」，就是滿打滿算的中年危機。

小孩念公立還是念私立，老人生病找誰打點一番，面對通貨膨脹和貨幣超發，如何給辛苦賺來的錢保值，將來的人生是否要再留個學或者索性移個民？時時刻刻的選擇，意味著時時刻刻的焦慮。

§

三十歲和中年，也是文藝作品的主題。

董橋有一篇文章叫〈中年是下午茶〉，講「中年最是尷尬」。

怎麼個尷尬法呢？

「中年是吻女人額頭、不是吻女人嘴唇的年齡，是用濃咖啡服食胃藥的年齡。」

「中年是雜念越想越長、文章越寫越短的年齡。」

「中年是危險的年齡：不是腦子太忙、精子太閒；就是精子太忙、腦子太閒。」

最絕的是講「竹林七賢」裡阮咸的那一段：《晉書》本傳裡記阮咸，說「七月七日，北阮盛晒衣服，皆錦綺燦目。咸以竿掛大布犢鼻於庭，人或怪之。答曰：『不能免俗，聊複爾耳！』」大家晒出來的衣服都那麼漂亮，家貧沒有多少衣服好晒的人，只好掛出了粗布短褲，算是不能免俗，姑且如此而已。

可已經寫得那麼精準，還是有人不買帳：這分明是富貴閒人的抒情，比起芸芸眾生經歷的苦，還是掛一漏萬。

流行音樂是記錄時代思潮的尺規。侯德健有首歌叫〈三十以後才明白〉，老派文藝青年常愛念叨：「三十以後才明白，要來的早晚會來；三十以後才明白，相愛的儘管去愛。誰也贏不了和時間的比賽，誰也輸不掉曾經付出過的愛。」

這兩年，類似的意思有了更直白的表述：「想得卻不可得，你奈人生何；該捨的捨不得，只顧著跟往事瞎扯。等你發現時間是賊了，它早已偷光你的選擇。」

三十歲以後，發現日曆翻篇如風吹書頁，計時的基本單位也從一天升格到一週、一月。眼前的一切總像是發生過，可試圖留住的東西，卻成了指間細沙。如果學校和職場還充溢著林立的假想敵，漫長的人生裡，卻只剩下迷惘中的兀自尋找。究竟是誰，成了我們的敵人？

§

很多人說是時間。

可時不我待的焦慮，催逼出的，每每是無可無不可的意興闌珊。分明有完整的週末，卻只願意懶在床上、宅在家裡，還要用難得清閒的藉口撫平內心的不安。

也有人說是現實。

似乎生老病死面前，再多的努力也難逃徒然的結局。既是如此，且放任百無聊賴，以成隨波逐流。「混混而已」「何必當真呢」，說時神色堅毅，目光卻頗為游移。

其實，我們可能只是不願面對愈加艱難的打怪升級而已。《約翰·克里斯多夫》裡有一段話：「很多人在二、三十歲的時候就死去了。因為一旦過了那個年齡，他們只是自己的影子，餘生都會在模仿自己中度過。」

而我每收到此類問題，**能強調的或許只有兩件事：**其一，**沒有誰的人生是容易的，再光鮮的表面之下，都有晦暗的影子。也是為此，任何時候都無須灰心喪氣，只消努力，總會等到回報的那一天。**

另一件事，是我欽佩的師兄教我的。他說人啊，絕不能有暮氣，要始終保持活力和好奇心。

知易行難。可我至少希望，三十歲以後，遭逢疲憊的時刻，都能時常想起這句話，不至於讓頹圮的自我，成為一生之敵。

孤獨的孩子，你是造物的恩寵

這幾天在玩《紀念碑谷2》，順手回去又刷了遍一代。《紀念碑谷》可能是這兩年我最喜歡的遊戲，還鼓吹身邊的親朋好友趕緊購買。

因為它已經不能用好玩來形容，它就是我們的人生。

《紀念碑谷》講的是沉默的公主艾達尋找自我的故事。這個沒有五官、不會說話的白色小人，翻山越嶺、上天入地，只為回答一個問題：「我是誰？」

一路上，她遇到討厭的烏鴉人，和好朋友圖騰一起並肩戰鬥，看著圖騰跌落深海，又見證了圖騰煥然重生。當先人都成了紀念碑，艾達也從自己的宿命裡得到了寬恕與和解。

到了《紀念碑谷2》，主角換成了蘿爾和她的女兒，冒險連帶著傳承。蘿爾在沿途經停，神明對她說：「世事變幻，但時間從不作答。」

言簡意賅，就觸及了命運的本質。我不是被打動，而是被震撼。

§

我不知道你是否曾感到孤獨，對我來說，孤獨是一種頻繁閃現的狀態。

在很多聒噪熱絡的場合，我常常不愛說話，像刺蝟一樣把自己包裹起來，留下的是僅有的可憐防衛。雖然表面上，微笑和回應不算少，但打心底，我找不到自在的溝通方式。

夜深人靜，繁華都成了煙雲，內心的小人又開始登臺作法。你會聽到很多白天無暇顧及的小心思，腦海中有揮之不去的回聲，毫不識趣地提醒著：你過得並不好，你離想要的樣子還很遠，你和世界之間並沒有達成某種共識。而關於未來，也不過是愁雲慘霧、風雨如晦。

如果前面說得太文藝，我們換個直白的說法。

《智族GQ》做過兩篇「當代流行人設」的專題，描繪現代人的糾結與複雜，比如邋遢潔癖、大方窮鬼、隨便女士、直男癌朋友。

其中最吸引我的是「社交宅」。定義裡說，「社交宅」是不得已與人大量交際但實際上喜歡獨自宅起來的人，他們通常迫於職業特殊性或其他原因而擁有許多社交活動，現實生活十分充實，給人八面玲瓏、左右逢源的印象，但內心卻極其渴望獨處，在假期或空閒時間更願意獨自在家而不是外出。

所有的「當代流行人設」，背後都是外界壓力和內心選擇難以相容的結果。而「社交宅」們堅信：狂歡是一群人的孤單，全世界的熱鬧，其實與我無關。

§

多數人並不覺得「社交宅」值得稱頌。無論我們享受與否，孤獨在主流話語中似乎算不上褒義詞。

有一個女生留言給我，講述她的經歷。她從小在一個灰色的產煤城市長大，因為父母工作調動，先後轉了十次學。

變動，似乎是她青春裡唯一不變的東西。朋友剛熟悉一點，就面對分別；同學才剛產生感情，又被迫離散。後來，女生乾脆放棄了執念。她的原話是：「不投入就不會再有傷害。」

高考之後，她去北京上大學。環境變了，和人隔著一層的難題卻解決不了。時日推移，家裡親戚催婚，父母也疑心她有心理問題。

無奈之下，她去接受心理治療。誰知醫生聽完情況，反問她：「如果可以正常交流，只是不願去做，會不會就是喜歡孤獨？你覺得孤獨是病嗎？」

§

我們究竟要遭遇多少故事或者事故，才能理解孤獨並不可怕呢？我們對沉默的恐懼，有多少是發自肺腑，又有多少是不容於外界的焦慮？

至少在我眼裡，社交宅並不比社交咖低級，孤獨也談不上是迫在眉睫的頑疾。

就像《紀念碑谷》裡的旋轉跳躍攀緣疾走，一個人在空曠中遊蕩，時而天空之城，時而波濤萬頃，低頭是接天蓮葉無窮碧，昂首是耿耿星河欲曙天，哪怕只是獨行，又何嘗不是動人心魄的美好。

木心有一則廣為傳誦的金句：「我是一個在黑暗中大雪紛飛的人哪。」若不是長夜孤寂，又怎見飄雪的靜美。

§

我碰到太多為孤獨所困的人，無以為贈，唯有這樣的鼓勵。

比起強行和人搭話，沉默未必是殘缺，只要這份沉默是你自己的意願。

比起勉力融入圈子，孤獨未必是病態，只要這些孤獨是你自己的選擇。

做你自己，比為了別人的眼光而扮演形象大使，來得重要得多。

孤獨的人並不可恥。李宗盛寫過一首簡短的電臺臺歌叫〈沉默的人〉，一共四句：「這世界是如此喧嘩，讓沉默的人顯得有點傻。這些人是不能小看的啊，如果你給他一把吉他。」

羅大佑的〈你的樣子〉更耳熟能詳。哪怕人世間總不能溶解你的樣子，也請瀟灑的你將心事化進塵緣中。

因為，孤獨的孩子，你是造物的恩寵。

你知道《紀念碑谷2》裡最打動我的是哪句話嗎？

女兒要獨力完成修行，身為母親，蘿爾向神明表達了憂慮。神明安撫了蘿爾，並告訴她：「孤勇之後，世界盡在眼前。」

人生如逆旅，越孤獨越自由

在很多人的字典裡，孤獨不是什麼褒義詞。

男生體育課打球，放學後泡網咖，總要成群結隊。女生午間操場散步，週末相約逛街，甚至連去廁所都要手挽著手。假如有誰堅持孑然一身，還要承受「孤僻冷漠不合群」的輿論壓力。

對於父母，有人親密無間，有人勢同水火。可無論何種姿態，在家庭關係裡，我們都在表達強烈的在乎。

愛情更是如此，耳鬢廝磨的甜蜜，長夜獨守的思念，心裡住著一個人，才不畏懼孤單。有時明知未必合適，還要選擇在一起，這種勉強和貪圖的深層動機，像張艾嘉唱的：「我會愛你，你會愛我，只是因為寂寞。」

§

後來，不斷發現人生不過一場獨行，才是成長的本質。

你或許有兩小無猜的朋友，在生命的某個階段，你們同進同出，無話不說，盡情分享彼此的祕密。可一次升學或者就業，你們的軌跡就漸行漸遠。當然還會聯絡，逢年過節依舊互贈祝福，只是，約一頓飯變得越來越難，聊的話題也更加小心翼翼。

你可能離開了家鄉，漂泊在陌生的城市。媽媽不會再像讀書時那樣給你「奪命追魂Call」，彷彿一刻找不到你，下一秒就要報人口失蹤。你也變得懂事，週末必定抽出時間，給家裡報個平安。路過街邊的食品店，你會想起這是爸爸愛吃的點心。可想歸想，下一個蹦出來的念頭卻是：「太甜了，爸爸現在不能吃了。」

你被深愛的人傷害過，也辜負過愛你的人。兜兜轉轉，或多或少地妥協了，然後在愛裡找到落腳的居所。你漸漸理解，金玉良緣不是等一個完美的人和你無縫對接，而是兩個獨立的人相互磨合，能許下誓言，走過歲月，本身已經是莫大的福分。

如是種種，你終於明白：熱鬧只是表象，命運的獠牙透著殘酷的寒光。但怕也無用，人生而孤獨。

§

我和你一樣，也曾為此唏噓不已。好在人生的際遇反覆提示我，及早領悟「生而孤獨」，不失為一種幸運。

把孤獨視作亟待改觀的狀態，就會倉促地向外部世界索取，要陪伴，要安慰，要彌補，要報償。但真正的蛻變，向來由內而生。

如果寂寞是脫離環境所產生的焦慮，孤獨則是人與世界理應保持的適當距離。因為孤獨存在，人才得以認識自己，辨別明確的好惡，尋覓穩定的初心。

儒家將「慎獨」視作品行操守的重要標準，也是因為卸下偽裝，撕掉標籤，孤獨迫使人直面自我，更大的力量與更多的可能，才能穿越軀殼和靈魂的縫隙。涓滴意念，終成滔滔江河。

§

我是蘇軾的粉絲。他老人家一生命途多舛，卻每每自得其樂。

年少時名動京師，卻陷入黨爭，「烏臺詩案」幾乎身死。好不容易復官，又遭遇痛失幼子和官場失意的波折。

西元一〇九一年，也就是宋哲宗元祐六年，五十四歲的蘇軾在杭州做父母官。年長三歲的朋友錢勰自紹興途經杭州，蘇軾寫了一首〈臨江仙〉：

一別都門三改火，天涯踏盡紅塵。
依然一笑作春溫。
無波真古井，有節是秋筠。

惆悵孤帆連夜發，送行淡月微雲。
尊前不用翠眉顰。
人生如逆旅，我亦是行人。

詞的上闕寫久別重逢，距上次見面已經三年了，期間你踏盡了天涯紅塵。但我知道，即便沒有片刻停歇，你依然心如止水，氣質高潔。

下闕寫月夜送別，清冷寂靜，牽動愁絲。但轉念一想，哪怕喝完這一杯酒就要分別，也無須雙眉緊蹙。原因很簡單：人生如逆旅，我亦是行人。

「逆旅」這個詞，李白也用過。〈春夜宴從弟桃花園序〉裡寫：「夫天地者，萬物之逆旅也。光陰者，百代之過客也。」

天地不過是萬物的旅店，光陰無非是歷史的過客。特定時空裡的你我，都只是獨自趕路的人。

§

相較許多其他工作，寫作更接近孤獨。很多時候，我要把自己關起來，一點一滴地探索思想和情感的疆域。整個過程無人傾聽，也無人回應。可一旦捱過這些，將腦海中的「私家歷險」兌現成文章，有讀者點破其中的草蛇灰線，會心的自由就會彌漫開來。

如今流行談論自由，謀生要財務自由，消遣要精神自由，可自由並非唾手可得，它的前提是從接受孤獨到享受孤獨。我未見一個止於孤獨的人，得到真理與自由。

每個成功的人，都有一段沉默獨行的時光。想要收穫與眾不同的風景，光站在人頭攢動的山腰還遠遠不夠。只有獨行險路，會當淩絕頂，才能眺望遠闊之地，飽覽壯麗風景。

人生如逆旅，空間廣袤，道路曲折，忍受得了多少孤獨，才會得到多少自由。越孤獨，越自由。

每一個超越孤獨的你，都是夜空中閃亮的星。

唯有勇者不論成敗

有人說現在是成功學盛行的年代。孰是孰非，我不知道，但可以肯定，失敗絕不是什麼受歡迎的詞。

傳媒不斷放大創富神話，腳踩網際網路利潤的大佬們搏擊風雲，終於在紐約證交所和納斯達克上市，年輕如九〇年代後甚至九五年代後創業第一次融資的估值就已破億的故事，也屢見不鮮。凡此種種，壓得上班族抬不起頭。

一線城市的房價日夜翻漲，收入的增幅甚至趕不上通貨膨脹。想到趨於僵硬的階層和居高不下的物價，奮鬥著的年輕人也頗感絕望。

升學時想著名校，求職前惦記五百強大公司、公務員，成家之後，緊隨而來的夢魘，是養老金、兒女學費和位於學區的房子。

每個人都有意氣風發的時刻。但總有一些瞬間，我們倍感挫折，幾欲放棄，自認是徹頭徹尾的失敗者。

可是沒關係，失敗者常常有最可貴的溫柔。

§

我至今還記得，第一次讀太宰治的《人間失格》時，正經歷一段灰暗時期。看到「生而為人，我很抱歉」，彷彿直指要害，腦子裡嗡的一聲，心也好像被掏空了。

後來，吳念真來上海推介他的戲劇《台北上午零時》。這部戲背後，有一個更宏大的系列，叫「人間條件」。我問他，為什麼要叫人間條件？他頓了一會兒，微笑著說：「活在人間，多少是有一些條件的。」

後來我明白，所謂的人間條件，就好比做礦工的父親，因為不堪矽肺病折磨而跳樓自殺。守靈的時候，吳念真為了安撫弟弟妹妹，只好強忍住心痛，拚命講父親生前的笑話。

喪失為人的資格也好，遵從人間的條件也罷，具體的一時一刻，非但和成功及快樂無緣，還註定是頹唐、沮喪且失敗的。但仔細品味，會理解其中的力量。

《人間失格》的壓抑背後是堅忍，孤獨背後是高尚。雖然堅忍和高尚的代價極為沉重。至於「人間條件」，吳念真說得更好：「生活就是這樣，苦樂交替的嘛。」

面對時而侵略如火、時而不動如山的命運，個體所能做的極為有限。承認並接受這種有限，同樣需要莫大的勇氣。

§

為什麼要強調失敗者的溫柔？

我們對成功和幸福，提得太多了。弦越繃越緊，韌性逐步喪失，難免要斷。盯著身邊的人，自己的平凡和虛弱會變得不可原諒。想著現實的壓力，眼前彷彿有巍峨的高山，阻擋住原本清晰的人生之路。

比起魚死網破和鋌而走險，不如放慢腳步，看看自己普通的樣子，再接著跑完漫長的旅程。成熟不就是認識自己的有限、接納自己的普通，再鼓起勇氣振奮精神，過好獨一無二的一生。

每個人的特別之處，永遠不在財富、聲名和成功，而是熬過一個又一個長夜、走過一個又一個路口，終於在生命的某一刻某一段，發現了自己。

電影《如父如子》講述了一個抱錯孩子的故事。得知錯誤時，孩子已經不小了。歷經諸多困擾之後，家境優越的野野宮良多對境遇拮据的齋木雄大說，要不兩個孩子都我們來養吧。雄大打了良多一頓，甩下一句：「沒失敗過的傢伙，是不會理解別人的心情的。」

這一刻，雄大比良多更懂愛，也更溫柔。

§

日劇《重版出來》裡，名宿三藏山老師的大弟子沼田苦熬多年，始終沒有出師。因為堅持自我，不肯修改原作，他飽受退稿之苦，看著後輩一個個出道、成名，逐漸變得自我懷疑。

最後，還是另一個畫癡中田看懂了他畫中的深意。但對於一個漫畫家的夢想來說，一切都太晚了。連出道都成了笑話，何況是每個漫畫家夢想中的「重版出來」？他決心放棄，回家幫父母賣酒。

臨別的夜晚，沼田和中田握手、告別、轉身，風吹亂他的頭髮，眼淚止不住地往下流。除了失敗，好像沒有更合適的詞彙來形容這幅圖景。

可鏡頭一轉，沼田換上便裝去送酒，店裡是一塊手繪廣告，自畫像邊上，寫著四個字：新酒出來。

開始面對自己的那一刻，溫柔的沼田迎來了新生。

§

和吳念真聊戲的那個上午，陽光穿透窗簾，打在臉上，留下一道道暗影。他掐滅手中的菸，講起七八年前的上海見聞。

「那時候因為要照相嘛，他們說你頭髮有點亂，要不要去整理一下。我就到旅店邊上的小巷子亂走，正好看到一家做頭髮的店。幫我做頭髮的一個小女生很年輕，才十九歲，我就跟她聊天。」吳念真用標準的臺灣腔回憶說。

「我說你是上海人？她說不是，貴州的。我說貴州啊，那不是很遠的地方？她告訴我，家裡離貴陽還要坐四、五個小時的客運巴士，再走一個半小時的路。我說你為什麼要走那麼遠的路跑過來？她說要學理髮。我說你會留在上海嗎？她說不，上海很花錢的，我想回老家。我說，回老家幹什麼？她回答，我要開理髮店，裡邊能放五張椅子。」

吳念真說，聽到這席話，從鏡子裡望見小女生的神情和「一雙紅紅的勞動的手」，忽然就看到了一九七〇年代那個剛到臺北的自己，「心裡有那麼簡單、但又可以達成的願望」。

唐詩裡有一句悲戚的送別：「南望千山如黛色，愁君客路在其中。」其實哪裡需要發愁呢？**擁抱失敗，懂得溫柔，就像黑暗裡有了希望的微光，再弱小，也能照見前路，翻山越嶺。**

不肯努力，才是看輕活著的意義

我每天都會收到不少問題，多數是近在眼前的困擾，也有玄虛高遠的。曾經有個男生問我：「你覺得人活著有意義嗎？」

引發疑慮的理由是：「無論一個人是在科學領域取得多大的成就，或者有多大的權勢，或者掌握多少財富，最終不過是塵歸塵，土歸土。即使沒有他，這世界上肯定還會有另外一個人或者一批人取代他的位置，他的存在與否對於人類社會發展進程幾乎不會造成任何影響。而且整個人類社會，甚至整個宇宙最終都要走向毀滅，生前身後名都會隨著時間空間的消逝而抹平。從一個更大的時間、空間角度來看，人類社會毫無意義，一切規則、成就不過是一場自娛自樂的遊戲。」

這個問題讓我想到一些親身體驗。

二十歲那年，我讀到余華的《活著》。在宏大歷史的遞遷之中，福貴的命運漸次凋敝。余華落筆，半點不容情，連喘息的機會都不給，貧病、戰爭、運動，紛至沓來。

結局卻是，福貴和他的老牛躺在一起，往事如潮水湧動，頭頂有陽光灑落。

初看不明白，以為余華不懂悲劇之美，硬要苛求一個膚淺的小團圓。

大概五年之後再看，慢慢懂得了，余華可能意在表達：人生的基調不是絕望，再大的風雨和再小的波浪，都有豐富的啟示。

誰都有過叛逆的階段，標榜獨立思考，以自我的尺度去丈量世事的起伏。對外界強加的規則和條框，不屑、不齒、不肯相信。這種情緒走向極端，或者是憤怒，或者是虛無。

無論一個人獲得多少，最終不過塵歸塵，土歸土，這個語境不是誤解了「活著」，就是誤解了「意義」。**功名、權勢和財富都遠在天邊，不是不能掙取，而是並非必要。真正的活著，是扎在現實的泥土裡，散布情感的根系。這才是生命的意義所在。**

§

很多人經歷太多錯誤嘗試，花了太多時間，才接受這個道理。

讀書之際務求名列前茅，工作之後凡事勇於爭先，同學聚會比較房與車，家族聚會聊收入和對象。模範學生和優秀員工的情結，催逼著踏上無盡的長路，以為在追求更優越的生活，其實只是粉飾旁人眼中的自我形象。

人生的面向應該是多元的，世俗意義的成功，不過是其中之一，至於名留青史，更是未有定數。而在匆促的時光裡，有些事情足以確定——多為愛人添置點衣物，多陪父母吃幾頓飯，多給孩子講幾段故事，也會獲得別樣的溫暖。誠然，痛苦與彷徨並不會因此減少，但平和與舒暢，同樣讓人覺得滿足。

年輕時總想著要和他人不同，希望打碎一切既定的東西，好凸顯自己的價值。當這種心理暗示推到極致，或者遭遇障礙，好像一下子就失去了所有意義。

無論多宏大的視角，人類社會乃至每一個個體的努力都充滿意義。個中關鍵，不在於人能夠戰勝時間或空間，而在於每一個瞬間都可以有別樣的深刻。不相信的背後，本質是另一重根本的相信：有一種不同於現狀的理想範本，值得求索。

佛家說「芥子納須彌」，人在宇宙洪荒面前固然渺小，蝴蝶效應同樣不可小覷。而梁宗岱翻譯威廉・布萊克《天真的預示》，同樣揭示了類似意義：「一顆沙裡看出一個世界／一朵野花裡有一個天堂／把無限放在你的手掌上／永恆在一剎那裡收藏。」

我喜歡王菲的「一切很好，不缺煩惱」。理解這句話，就會知曉活著的真諦。

§

由此，還想到另一些人，因為虛無或者懶惰而止步不前，繼而去消解別人努力的價值。時常聽到的抱怨是，他升職比我快，逢年過節肯定沒少給上司送禮；她人前看上去白富美，誰知道人後是不是個「心機婊」；聽說誰誰誰是鑽石王老五啊，還不是因為有個好爹！

在這種視角延伸的世界觀裡，一切問題都能歸結到外因，所有責任都與自己無關。真要是連藉口都找不到了，就可以解釋成缺少機會，「只要給我一個機會，我也不會比你們差」。**所有弱者的通病，就是喜歡從外部尋找理由，從而繼續放任自己。**

如果要為「狹隘」描繪一個準確的形象，這恐怕就是了。**人生一世，悲欣過眼，順逆交替，誰都無從倖免。越是如此，就越要正視世界和自我，凡事從自身出發，尋求些微的改變和進益。**

沒有人是完滿，吹毛求疵大概是世間最容易的事。可挑剔之後，我還是我，世界卻未曾停止轉動。**改變是困難的，但唯有打破積壓的慣性，才會有更好的可能。其實也不必大刀闊斧，每天有一些變化，日積月累，就是自我更新。**

生活的意義，抽象出來，不就是一天比一天更好嗎？怕就怕分明不用心，卻還不知足，整日沉溺在負面情緒之中。

不肯努力，才是看輕活著的意義。

是我們改變了世界，還是世界改變了你和我？

成長中的某個時刻，我們可能會忽然意識到，所經歷的一切，都彷彿命中註定。對我和不少前同行來說，《東方早報》紙本版的停刊是一則大新聞。朋友圈裡的感慨追憶紛至沓來，我的思緒也回到二〇〇五年。

那時候，我剛考上復旦大學，在校刊實習。但凡文科專業、有志新聞工作，都對「陽光打在你的臉上，溫暖留在我們心頭」憧憬不已，也對「總有一種力量讓我們淚流滿面」記誦如流。風行一時的《南方周末》，自然成為學長學姐們帶領讀報的首選。

如果說「南周」更像我們的精神指引，實踐範本非「東早」莫屬。

當時，「東早」還是大開本，選題有初生的鋒芒，報導細部偶爾粗礪，拼起來看，卻滿是編輯部的行雲流水和熱情奔放。某種程度上，比起「南周」，我們這些新人更容易在「東早」身上找到情感的投射。

情懷在握，壯志洶湧，這是青春的天真，也是年輕的福分。

後來，學得多了，做得多了，漸漸懂得，新聞並不只是突發和現場，記者也不是從一個縣城輾轉下一個村落，不斷用雙腳丈量城鄉二元的中國。對這個行業的絕大多數人來說，也就是自由中完成點命題、領域裡暫求些建樹，無功無過又一秋。

我畢業、入行、離開。「東早」從篳路藍縷，到專業美好，再到停刊併入新媒體專案「澎湃新聞」。風雲際會，須臾又流散。

§

不是每個人都有機會親歷一個行業的衰頹。

二〇一一年，臨近畢業，因為求職的緣故，正是我最用功的當口，對媒體生態體察得也更深。縱然「紙媒寒冬」的言論擾攘多時，報紙運行依然穩定，微利也不成問題。如今看來是盛宴的尾聲，當日渾然未覺，仍舊一片升平。

然後，行動網路、新聞用戶端、微信公眾號……不是伏兵四起，而是換了人間。安於既有節奏與流程的媒體人恍惚驚醒，再凝神細聽，卻意外發現，烽火早已在新媒體的戰場上點燃，此地空餘黃鶴樓，拔劍四顧心茫然。

明明沒有懈怠，甚至還未雨綢繆，卻還是讓現實殺了個措手不及。資歷累進、職位升遷，轉瞬之間，努力的意義消解了大半。就像是挑了一艘自以為牢靠的大船，籌措清水乾糧，正準備安享舒適，卻發現船要沉了。

因為入行晚，我反倒交上好運——還來不及在船上找定位置，還沒有徹底忘記游泳技能，索性翻身一躍，且看能漂多遠。但對很多傳統媒體的老兵來說，眼下的機會成本，大到足以改變一生。

二〇一三年開啟了新一輪的記者證從業資格考試。考前，多家媒體組織了一場集體複習，地點選在靜安區的雲峰劇院。

講師分享的條條框框早已拋諸腦後，但我清楚地記得，一位友報同仁事後發了一條微信朋友圈貼文，大意是說，雲峰劇院，正是當年宣布紡織女工集體下崗的地方。

§

紡織女工當然是媒體人的自憐，但這個比喻，越來越頻繁地出現在耳邊。話語背後，我體會到「此天亡我，非戰之罪」的不甘。

不甘歸不甘，該走的還是要走。

舊雨新知一個個遠行。有意氣風發投身內容創業，有心灰意冷轉行閒散度日，全職在家安心教子的也不在少數。終於有一天，糾結如我，要開始面對審視外星人般的目光。飯局上、私底下、師友們眾口一詞地問我：「你怎麼還在？」

乍聽起來，這是關心我個人，細細琢磨，卻像是對時代發問。關於「東早」的停刊，魏武揮老師寫了一篇〈紙媒之死〉。其中提到，一份報紙停刊，員工整體併入新媒體，他「覺得是好事」。

我很同意。但這份曾經打著「紙媒不死，我們陪你讀到天荒地老」廣告的精英讀本，單是停報轉網，竟然引發如此熱議，映射出的，或許是瀰漫行業的兔死狐悲。

沒有人知道，下一個會是誰。

我在微信的朋友圈轉發魏老師的文章，順帶引用了北島寫艾倫．金斯堡（Allen Ginsberg）的話：「詩人之死，並沒為這大地增加或減少什麼，雖然他的墓碑有礙觀瞻，雖然他的書構成汙染，雖然他的精神沙礫暗中影響著那龐大機器的正常運轉。」

引文之後，我寫道：「永遠說著說著就到了，理想談著談著就老了。但老的究竟是理想，還是我們呢？」

§

一九八三年，吳念真和羅大佑聯手為電影《搭錯車》寫主題曲，就是後來那首廣為傳唱的〈一樣的月光〉：「什麼時候兒時玩伴都離我遠去，什麼時候身旁的人已不再熟悉，人潮的擁擠拉開了我們的距離，沉寂的大地在靜靜的夜晚默默地哭泣。誰能告訴我，誰能告訴我，是我們改變了世界，還是世界改變了我和你。」

用今天的流行語說，這很吳念真，也很羅大佑。關注童年鄉野與成年都市的部分，彷彿吳念真的筆觸，而「是我們改變了世界，還是世界改變了我和你」，又儼然是羅大佑的天問。

但我沒有想到，三十多年過去，彼時的疑惑仍然困擾著今天的你我。年少長纓在手，但求縛住蒼龍。而今驀然回首，卻滿是驚惕惻隱。

唐吉訶德大戰風車像是偶爾的興奮劑，更多時候，我們所謂的命運，不過是直面不可抗力，拚爭過、奮鬥過、酸楚過、唏噓過，然後無奈地接受。攬鏡自照時的獨白，只剩下「他好像條狗啊」。

我們也越來越理解，所謂成熟，就是從拒不認命到撕心裂肺，終於釋懷放手、雲淡風輕，在光陰的長河裡，做個慣看秋月春風的白髮漁樵。

除了惘然，又能怎樣？人生一世，百般執念，到頭來，逃不出蘇東坡一首打機鋒似的〈觀潮〉：「廬山煙雨浙江潮，未到千般恨不消。到得還來別無事，廬山煙雨浙江潮。」

又回到最初的起點，但你已不是你，我也不再是我。

§

「東早」停刊消息傳出的後一天晚上，我坐車回家。南浦大橋上車流不息，燈影點點，向遠處眺望，是浦江兩岸的高樓。忙忙忙，盲盲盲，又一個漫無目的又面貌相似的都市夜晚。

可意外的是，司機打開了廣播，傳出了齊秦的〈花祭〉。三十年前的小哥嗓音清亮，像永遠的少年，唱著不老的歌：

你是不是不願意留下來陪我
你是不是春天一過就要走開
真心的花才開你卻要隨候鳥飛走
留下來留下來
太多太多的話我還沒有說
太多太多牽掛值得你留下
花開的時候你卻離開我
離開我離開我

聽著聽著，差點就紅了眼眶。

現在，我們都不聽這樣的歌了，誰還去計較「太多太多的話」和「太多太多的牽掛」呢？

百舸爭流的大時代裡，再多欲言又止，也都要換作風雨兼程。唯有走累了、疲倦了，再回望，才發現，一個又一個不期然的事件底下，藏著我們說不出的慌張。

是我們改變了世界，還是世界改變了你和我？

沒關係，你有自己要走的路

日劇《東京女子圖鑑》紅了很久，斷斷續續地看完了。如果要說最打動我的，就是女主角綾和男閨蜜手挽手走在街上，風吹過，陽光照著臉龐，綾對著鏡頭別有深意地說出那一句：「一起加油吧，一步接著一步，因為想得到的東西還有很多。」

大都市裡的個人奮鬥，是一條無法回頭的路。往前走，是不敢；往後退，又不甘。而光陰消逝，歲月留痕，哪怕駐足原地，生活也不會饒過你我。

不管是原本就住北上廣深（編註：指北京、上海、廣州、深圳四個一線城市）的人，還是漂泊奮鬥的新中產，都能從《東京女子圖鑑》裡找到自己的影子。更令人唏噓的是，你以為的步步高升，可能也只是另一種隨波逐流。

綾出生在秋田這樣的小地方，因為一心嚮往成功和體面，來到「閃閃發光的東京」。住處從三軒茶屋到惠比壽，再搬去銀座。工作從普通職員到時尚大牌的公關經理，談過一同吃居酒屋的戀愛，被富人當過備胎，做過和服店老闆的小三，養過小白臉，結婚又離婚，最終和男閨蜜走到一起。

視頻的彈幕裡有人說，綾是極端物質又無比隨便的女人。這屬於道德上的苛責。

綾是一個集合體，承載著大量都市女性的憧憬與幻想，再選擇性地忽略現實的拉鋸與挫折，把打拚的每個階段都戲劇性地呈現出來。

換句話說，那些嘲笑綾情路不順、內心乾涸的人，或許連她物質上的富足都達不到。真正扎根一線城市的女性，又有幾個沒有品嘗過綾的焦慮和茫然呢？

§

生活的本質，偶像劇和少女心教不了。

從來沒賺到錢和安貧樂道並不是一回事。把去一次高檔餐廳視作身分的象徵，信用卡分期還款只為一件禮服，包括買昂貴的內衣，以備隨時要脫的時候顯得好看，這些不符合主流的價值觀念，卻都是真實的欲望。一句「不應該」，填補不了人心對貪戀和佔有的渴望。

愛情就更不是紙面上那些道理。

當綾在不知情的情況下做了備胎，她上了第一課：單純靠自己的優秀去尋求優秀的人，未必是真理。因為完美男人不一定需要完美女人，一個對他言聽計從便於掌控的女人就夠了。

受到和服店老闆欺騙之後，綾幼稚地想要戳穿，打電話給老闆娘。

接起電話的老闆娘沉默了一會兒，說了一句：「是嗎，我知道了，謝謝提醒。」

和服店的夫妻過著上流社會的生活，也扮演著各玩各的「假面夫婦」。至於那些沒有條件玩的，也可能會接納另一方的出軌，進一步瑟縮回去：你以為婚姻就是愛情和親情，對有的人卻意味著利益和安全。

綾始終在出人頭地和平淡是真之間搖擺。趕上情緒低潮，她去相親，覺得「三十來歲，年薪一千萬日幣，身高一百七十五公分以上，只有這三個條件」已經低到塵埃裡，結果卻得知：「那種條件的男人看上的都是剛畢業的小女生，甚至還有大學生。」

認定找一個條件相當、性格和善的人，哪怕年紀稍大、三觀（編註：意指世界觀、人生觀、價值觀）不同，至少也不會有什麼大問題。結果卻發現，誰說普通人就沒有瑣瑣碎碎，找個平凡的，照樣也能搞外遇給你看。

§

社會對男人和女人都是有要求的。當要求成了眾口鑠金，往往離偏見也不會太遠。

以前，基於生理差異，女性相夫教子一度是主流。如今，隨著女性自我意識的覺醒，壓力逐漸轉嫁到男性頭上。舉個最簡單的例子，女性月入三萬人民幣可以好吃好喝、買鞋買包，而男性月入三萬，一背房貸就略微吃緊。在很多女性那裡，這卻是時興的真理。

綾和我們之中的很多人一樣，是特別看重自己的人。這樣的人最大的問題，就是誤以為能透過一己之力實現社會對個體的要求：財富可以得到，聲名可以累積，幸福可以靠雙手來創造。

但是，社會主流設定的標準裡，永遠不會有「做自己」這一條。於是，在走上人生巔峰的過程中，無論成功失敗，我們都會漸漸迷失，變成面目相似的人。

關於都市對人的影響，我特別喜歡羅大佑的描述。他在〈未來的主人翁〉裡寫：「你走過林立的高樓大廈，穿過那些擁擠的人，望著一個現代化的都市，泛起一片水銀燈。在人潮洶湧的十字路口，每個人在癡癡地等，每個人的眼睛都望著那象徵命運的紅綠燈。」

這不就是今天的東京、紐約、北京、上海？倒影繁華，行色匆忙，誰也不知道一張張面無表情的臉上，下一秒是笑意還是皺紋。

當你始終依循社會推崇的統一標準，就會理解《東京女子圖鑑》暗藏的宿命論：「青蛙是不能去舞會的，青蛙就跟青蛙一起在田裡面呱呱叫就好了。」

這也是為什麼每次綾一感到頹喪，就會糾結地自言自語：「做個井底之蛙應該也不錯吧。」

綾相信自己能夠打破青蛙的宿命，但她沒有意識到，她所追求的這一切紙醉金迷，就像小時候想要和朋友相同的玩具一樣，都是出於「快看我，我和你們一樣優秀，甚至更好」的潛在心理。

而這些，恰恰不是與眾不同，而是人皆如此。

§

精英之所以是少數，並不是因為想走這條路的人少，而是絕大多數在不同階段敗下陣來，妥協放棄。

綾的經歷證明了，哪怕走到最後，仍然無法解決生命裡的終極焦慮，譬如孤獨，譬如愛。那麼，對於多數物質上還不如綾的人而言，不把人生所有的快樂都建立在物質上，就變得非常關鍵。

讀書的時候，容易有大志向，常引用張載的話，「為天地立心，為生民立命，為往聖繼絕學，為萬世開太平」。這放在自己身上，顯得有些好笑。

可年少荒唐，也容易誤打誤撞地觸及根本，除了金錢和名聲，普通人必須能找到自己安身立命的東西。也許是一門手藝，也許是一個愛好，也許是那些堅定不移的小確幸。

物質當然是重要的，可維持表面上的光鮮，其實也辛苦。

有沒有一些時刻，你工作了十多個小時，坐在空無一人的辦公室裡，好像所有的日光燈都照出了你的無助？有沒有一些時刻，當你開車回家，駛上空無一人的高架道路，昏黃的街燈一盞接著一盞，讓你恍惚、分神，好奇努力的意義究竟是什麼？有沒有一些時刻，你費盡千辛萬苦得償所願，卻忽然被更大的空虛所籠罩，覺得這一切和你想的不一樣？

在我看來，只有能笑對這些，才算活得踏實。**和自怨自艾地擺爛一樣，心無旁騖地享受物質，同樣是一種危險。如果看不見自我，就永遠不會知道，你的隨波逐流會在哪一刻擱淺。**

《東京女子圖鑑》最後一集，綾穿著黃色風衣坐在長椅上說：「那就請你記住你現在對我的優越感，因為現在的你正是十年前的我，而現在的我正是十年後的你。」

在綾的道路上，只有少數人能比她走得更好。而我希望的是，我們能笑著對綾說一句：「沒關係，我有自己的路。」

世間多少事，大都「不值得」

朱茵上了一檔綜藝節目，和薛之謙配戲，重現至尊寶和紫霞在城樓上的經典。時隔二十三年，朱茵依然明眸皓齒、眉目含情。當〈一生所愛〉的旋律響起，觀眾被勾回《大話西遊》的情境，或許還聯想到生命中的某個人。

可我更在意朱茵的講述。

當年在寧夏拍攝《大話西遊》，周星馳和朱茵的故事被演繹出不少版本。路人抓拍的照片裡，星爺自行車後座上坐的究竟是誰？朱茵受訪時幾度提到撞破第三者，是否指向星爺？

或許是非難斷，但足以確定的是，朱茵從感情裡抽刀斷水，和星爺說了再見，然後花了漫長的時間縫補傷痕。

如今，朱茵和丈夫黃貫中恩愛有加。在節目裡，主持人問她，生命裡有沒有比「曾經有一份真摯的愛情擺在我面前」更感動的話，她引了黃貫中的告白：「是我教會他愛的。」

之後，她又替「錯了就要放手」的領悟加了一段補充：「你必須要先愛你自己，才能給別人愛。所以如果在你前面那個人，你看不見愛情的話，那就走吧，跟你自己說，前面還有很多的等著你。」

朱茵和周星馳，算得上是娛樂圈紛擾多時的一樁公案。如今前嫌冰釋、舊話重提，總算是跨過了紫霞的劫數，求得了自己的圓滿。

§

我每天會收到幾百條來自讀者的詢問，縱然遭遇各不相同，最後的問題卻大同小異。不少人會疑惑，面對傷害過我的人，為什麼就是放不下？

明明前任已經有了新人，結婚生子，我怎麼遲遲不願邁出重新開始的這一步，甚至還盼著他回來？

有個姑娘告訴我，男友是因為劈腿被發現而提的分手。這個陰影日夜纏繞著她，她不僅自此喪失對他人的信任，偶爾還會想到自殺。

還有個妹子因為老公找小三而被動離婚。她單身之後的主要「工作」成了跟蹤前夫和小三的日常，並試圖加以破壞。我問她怎麼想的，她用一種極其江湖氣的口吻回答我：「他不讓我好過，我也不能讓他稱心。」

絲毫沒有輕視的意思，畢竟誰也沒有資格嫌惡別人的生活。但是這樣的心理，真的已成病態。興許是禪師附體，我對她們說：「學會放過。」她們無一例外地反問：「他那麼過分，為什麼要放過？」

其實，我只是讓她們放過自己而已。

§

每個人的心臟都差不多大，心裡能裝的事卻天差地別。為情所苦、為愛所困，最大的原因是，整個世界就這麼小，經歷點挫折，就像是天崩地裂，隔斷前路。

而對普通人來說，生活就好比在複雜的交通狀況裡駕駛，原本的道路堵塞了，或許影響路況和心情，卻不會阻止其他去往目的地的可能。流一流眼淚，拍一拍塵土，該走的還是得走下去。愛情婚姻如此，工作事業如此，情理之中和意料之外的種種，都是如此。

有一個心得可以分享：**我覺得自己真正成熟，是從二十多歲時的某次頓悟開始的。我忽然可以說服自己，世間已然發生或即將來臨的一切，但凡會要使我失落痛苦，我都回報三個字：不值得。**

這不是主張事事逃避，恰恰相反，是要換一個更寬闊的格局去繞開它。說來有什麼呢？獨自流點淚，相約喝點酒，蹦一蹦、笑一笑。哪怕愛你的每個瞬間，像飛馳而過的地鐵，開過了，就還有下一站。

§

去年「假如我是羅大佑」辦上海場，我去了。地點在虹口足球場，老舊的場地劃了半塊，內場也就是鬆鬆散散的十幾排座椅，更別提看臺上稀稀落落，如果有空中俯瞰的視角，大概像是斑禿。

坐我旁邊的是一個年齡相仿的姑娘。動力火車、戴佩妮、李泉和黃麗玲登場的時候，她問了我同一個問題：「這是誰啊？」只有張宇出現，她才發自肺腑地尖叫，可她叫的是：「老司機！」

羅大佑肯定不會知道這件事。那一天他穿著橙色西裝，染了火紅頭髮，可能是為了看上去熱情一點。我記得，他拖著疲憊的嗓音，像是對自己在唱：「不明白的是為何你情願，讓風塵刻畫你的樣子，就像早已忘情的世界，曾經擁有你的名字我的聲音。」

拼盤演唱會「假如我是羅大佑」臺北站，捧場的嘉賓有戴佩妮、張宇、官靈芝、李泉、辛曉琪、林俊傑、陶喆等等。

但開場前十天，門票僅賣出三成。演出當晚，現場也著實冷清。

羅大佑登臺之後自嘲：「謝謝你們，你們來小巨蛋從來沒有那麼『寬敞』舒服過吧！」然後他又說：「歌是我將近四十五年來從事的工作，也是我一輩子的投入，很多人也在投入其中。」

羅大佑還說：「我只看到臺下有來的這些人，謝謝你們，我們當初出道時，也都是從更少的人唱起的。」然後所有歌手站在一起，合唱了〈明天會更好〉。

看到這裡我是想哭的，但也意外地發現自己在笑。

因為羅大佑和朱茵都是活出尊嚴的人啊。**無論外面的世界怎麼變，他們的尊嚴裡，有那一句「不值得」。**

Part 3

感謝你，陪我跋涉人生的山川

我是悲觀的人，總覺得人生的路，
說到底是自己走。
可知道有一個人，不會時時刻刻同步，
卻願意遷就你的速度，哪怕前路再難，
都會生出信心和勇氣。
風裡來，雨裡去，
也會期待替她遮擋，給她溫暖。

感謝你，陪我跋涉人生的山川

如果沒有遇見命中註定的那個人，此刻的我們會在哪裡，做些什麼，有怎樣的人生，過怎樣的劇情？

也許，我還是上海陸家嘴邊上老式公房裡長大的微胖少年，走路帶風，汗流浹背，和著夏日的蟬鳴穿行在梧桐樹影之間，唱些不著調的歌。

讀書應該不算難事，卻總是改不掉上課講話的毛病，因為影響別人的成績，會得到大量來自老師哭笑不得的表情包。貪圖穩定如我，最終會考所好大學，讀個好科系，找份好工作，經常是長輩口中「別人家的兒子」，卻未必真的能找到自我。

而老婆大人，髮型從雙馬尾、單馬尾到長髮披肩，校服越來越好看，裙子越來越短，臉上的樂觀主義精神，想必依然如故。

老婆大人年少有英氣，好管人，眉宇間盡是銅鑼灣扛把子的肅殺與悲憫。唯一的差別是，古惑仔還是成群結隊舞刀弄劍，老婆大人僅憑一己之力赤手空拳，就堪稱彭浦地區「蒸不爛、煮不熟、錘不扁、炒不爆、響噹噹的一粒銅豌豆」。

挑好聽的說，我和老婆大人的結合，是一場彼此的解救。她的淫威，迫使我戒除吊兒郎當的日常，開始從輕慢努力變得勤奮踏實；而我的隱忍，也令她過足官癮，以至開門迎客，只剩下暴風雨後的寧靜和霽後初晴的溫柔。

對我和老婆大人來說，「如果沒有遇見你」，人間一定多兩個禍害。我們內部消化的婚姻，為構建和諧社會做了一點微小的工作。

§

我和老婆大人的生日只差了五天，偏巧還都是獅子座。一山難容二獅，無奈只好分工。

譬如我對旁人偶有極度不解人意的霸道，一踏進家門，就自覺切換成抖M模式，而老婆大人在外人面前，兼具成寶拉的聰穎和成德善的溫良，回到家裡，秒變雙門洞永遠的豹子——羅美蘭女士。（編註：此段人名皆為韓劇《請回答一九八八》之角色或演員。）

男主內，女主外，我成了家裡蹲的深度宅男，老婆大人跟人合夥做起廣告公司。個中故事千千萬，話到嘴邊心頭亂。一定要總結的話，我只怨自己不爭氣——上輩子殺人造孽，這輩子老婆創業。

老婆大人和我的微信對話經常是這樣：

「誒，客戶又來新 brief 了，幫我們想句 slogan。」

「什麼客戶？」

「房地產的。」

「我寫作能力是很強啦，但這種重新發明漢語的行業，寫不了。」

「寫不寫？不寫今晚通宵。」

「哦……這樣行嗎？」

「嗯，湊合吧，再幫我想一句備著。順便，今天加班晚點回來。」

又加班啊，什麼鬼！我心裡想著。

「明天早上帶飯嗎？」我嘴上卻說。

漫漫長夜，獨守空房，輾轉反側，寤寐思服。我還正是龍精虎猛的年紀呢，除了真愛，我無法再給如此弔詭的相處模式找到別的解釋。

§

我和老婆大人結婚那天，來了不少嘉賓。散場已經很晚，按說應該到了回房間數紅包的環節。可是，我們卻異乎常人地往床上一躺，一個回微信，一個忙公眾號。

我提前給老婆大人準備了一篇貼文，裡面寫道：「不知有多少次，我們會在飯後漫步，走過熟悉的街道，途經舊日工作的地方，講到往昔的糗事還不忘相互嘲笑。然後再去曾經出沒的小咖啡館，點上一杯『標配』飲料，多坐一會兒。在我眼裡，比起山河湖海的旅程，這種日常的溫情，更浪漫一點。」

結婚一年，我們仍然牽著手，在花花世界晃蕩。走過的路，也像樹幹上增長的年輪，一圈中的每個點，都是特別的故事。

有時候，我走快了，回頭看看，老婆大人還在，臉上帶著看慣的嗔怪，忽然有莫名的安心。有時候，老婆大人著急了，數落我懶惰懈怠，看她凝重的神色，也很感念她一如對自己一般在乎我。

我是悲觀的人，總覺得人生的路，說到底是自己走。**可知道有一個人，不會時時刻刻同步，卻願意遷就你的速度，哪怕前路再難，都會生出信心和勇氣。風裡來，雨裡去，也會期待替她遮擋、給她溫暖。**

還有一次，吃完宵夜，想著步行消化一下再回家，誰知走到半路雨水傾瀉而下。就算大雨讓整座城市顛倒，我們還有話聊。找了處旅行社的屋簷，就著反射路燈黃光的地面和凜冽的晚風，我們玩起了列舉「旅途中印象最深的三件事」的幼稚遊戲。

她說在廈門的海邊，我發著高燒，還和她一起環島騎行；我說去臺灣六天，一口氣跑了五個夜市。說到對方不曾列舉又欣然會意的場景，我們拚命點頭，「哦對對對」，然後哈哈傻笑。

一個穿雨衣騎電動車的大叔不解地看看我們，又搖了搖頭，內心獨白估計是：「現在的年輕人，下那麼大雨還在外面瘋瘋癲癲。」

然而我們樂在其中。得閒的時候，我們會癱在沙發上，同看手機裡錄的影片，瑞士的圖恩湖邊、巴黎的塞納河岸、紐約的中央公園，去過的地方、說過的話，一幕幕重現。在對記憶的反覆擦拭之中，生命的意義也會浮現出來。

和喜歡的人在一起，很多瞬間覺得自己成熟了，回頭看看，又像是長不大的少年。**假如美好的愛情可以標準化，能毫無掩藏地袒露天真，或許是必備的要件**。

§

但人生路長，困頓永難預料。

雖然整天嘻嘻哈哈、爭相吐槽，我和老婆大人也在學習如何處理各自的沉默。壓力來襲的時刻，總是不願對方擔心，可越是不說，對方就越是躊躇。

晚上十一點接到客戶的奪命連環call，老婆大人嘴裡嗯嗯啊啊，眉頭卻鎖得很緊；

週末收幾條微信，又是一聲歎息。我嘴上笑她沒用，心裡卻替她著急。

而我看到微信點閱數不濟，或者懷疑自己寫得不夠好、焦慮未來向何處去的時刻，也都是老婆大人不厭其煩地給我寬慰。

有個流行的說法：「婚姻不是一種福利，而是一種責任。」可能太多人期望透過一場儀式或一紙約定來實現突變式的成長。但本質上，愛情的果實，取決於內心的覺醒：不再奢望圓滿，不再苛求他人，無論甘苦，但願同行。

有一個人在，接下去的人生，不必著急，也不會害怕。這種責任，又何嘗不是另一種福利。

感謝你，陪我跋涉人生的山川。

我想不到更愛你的方式，除了親手做飯給你吃

兩年前，我還是一個連微波爐都不太會用的蠢直男。命中註定的轉折，發生在前年秋天，去法國和瑞士的蜜月途中。

老婆大人有個典型的中國胃，三頓不離湯湯水水。為了免於麵包沙拉的「荼毒」，我們放棄星級酒店，選擇自帶廚房的 Airbnb 和酒店式公寓。每天登雪山、過草原，像紅軍走過兩萬五千里，然後拖著疲憊的身軀，走進夜色籠罩的超市，為晚餐採買食材。

你或許好奇，我沒做過菜，怎麼有臉拿老婆大人試毒？我會笑著回說，要是我做的菜算廢料，老婆大人的手藝就堪稱汙染。兩害相權取其輕，千山我獨行不必相送。

我們在巴黎拉丁區的超市研究番茄的三十個品種，到采爾馬特的雪山腳下煮羅宋湯看《奇葩說》。就著手機裡的食譜和微信朋友圈的祕方，盡可能張羅菜式、變換口味，十幾天裡變出的花樣，比我這些年穿過的衣服還要豐富。

當然，新手總有愛的代價。因為選錯了辣椒，在室內炒雞丁的時候，自己嗆個半

死不說，鄰居還差點報火警。更頻繁的場景則是，開了一瓶好酒，把煎老的羊排、煮爛的牛肉囫圇吞下，然後四目相對，像臨刑的烈士那樣露出就義前的凜然一笑。

然而士別三日，是天才總會發光的。即便起因是迫於無奈，在放飛自我的過程中，煮飯做菜（不包括洗碗）的意義卻漸漸浮現。

§

前年七月，我從報社離職，開始自由職業的狀態。一週六天，每天工作十二小時，難得的放鬆就是燒幾個小菜犒賞一下自己。

下午去菜市場，連賣菜的阿姨都會一驚，彷彿在她漫長的職業生涯裡，從未見過這個時段會有這個年紀的男性出沒。再細讀那惶惑的眼神，好像在說：「難道是被包養的？看顏值身材，也不像小狼狗呀！」可一旦走進廚房，此類傷心往事就煙消雲散，取而代之的是十足暗爽：看窗外車水馬龍、看路人行色匆匆，我卻在一方自在的天地裡，哼著小曲、切著小菜，興至沉酣，樂以忘憂。

某種程度上，下廚和寫作很像，都是關乎自由的創造。早一秒熱油、晚半刻出鍋、多放一勺鹽、少淋一匙醬，就有細微的差別，好比字斟句酌會把文章引向截然不同的終點。而從無到有、從零散食材到成型料理的過程，也能帶來難以言喻的充實。

§

李宗盛給楊宗緯寫過一首歌叫〈因為單身的緣故〉。深究起來，這其實是老李第二次離婚後扎根北京，對生活的全新領悟。他寫道：「因為單身的緣故，日子過得比較素，剛開始有點難度，現在比較知道怎麼對付。」透過肢解虛無，把僅存的欲望去骨，「我為王在自己的國度」。

在另一篇自述〈我的三個家〉裡，他講得更詳盡：「作為單身男人與單親爸爸，把原來要投注在臥房的精神體力，轉移到廚房是明智並且必須的。給孩子做飯帶給我極大的樂趣，其實更像是一種寄託，讓我不至於垮掉。我有兩臺冰箱與一個儲物櫃改成的食材室，我通常五點鐘回家做晚餐，早上十點半起床做便當。每週總有幾個午夜，我會開一瓶酒慢慢喝，然後耐著性子，跟那些需要時間的菜徹夜周旋。」

雖然我不是單身，也還沒有做爸爸，但習慣做飯之後，更明白「寄託」二字蘊藏的分量。對於生命中重要的人，似乎沒有什麼比準備一大桌菜餚更具衝擊力和儀式感。小到杯盤碗碟的揀選和陳列，大到酸甜苦辣的搭配與調和，投入的心意、安排的巧思，都有充足的展示空間。比起看電影、玩桌遊、唱ＫＴＶ這樣標準的消費活動，下廚更私密，也因為私密，才裝得下彼此的深情。

§

老婆大人創業開廣告公司，平日正餐全靠外賣。不出意外的話，我會在週末為她做一頓飯。相比那些正襟危坐的高檔餐廳，如今的我更享受穿著家居服，甚至連圍裙還來不及摘下就對坐碰杯、吃飯閒聊的溫馨。

很多人問我，為什麼愛著愛著，感情就淡了？愛不應該順其自然嗎？你們對人性太有信心了。誰都難免喜新厭舊，主動經營才顯得格外重要。

吉本芭娜娜寫過：「人們都以為，路有許多條，而自己可以任意選擇。我也是如此。但是我現在明白了，並且可以用清晰的語言來表達。其實道路總是定好的，是由每天的呼吸、眼神、日復一日的歲月自然而然地決定了的。這絕非宿命論。於是才有了現在的我。」

這段話的出處是一部小說——《廚房》。廚房之所以被稱為家裡最溫暖的地方，大概是因為，那裡發生的一切，都只為某個特定的人。

可能是我笨拙吧，除了親手做飯給你吃，我想不到更愛你的方式。這就是我，一個直男的自白。

忘不掉的，是因為不想忘掉

「志明與春嬌」系列電影是很多都市男女的愛情聖經。

第一部裡，全城禁菸造福了張志明和余春嬌，姣婆遇著脂粉客（編註：廣東話中「一拍即合」之意），哪怕彼此都有明顯的缺陷，卻架不住天造地設情投意合。「我們又不趕時間」，連同「in 55！W！」成為一時風行的告白。

等到第二部，兩人的戀情走向平凡，不甘無聊的志明和春嬌分手了。可淡出未必就沒有掛念。春嬌就像現實裡太多執迷不悔的傻姑娘，分明清楚謎底，依然在疲憊中等待。空置著一顆心，留給那個認定的人。

志明也過得不安穩。與尚優優確立關係之後，他又想回頭。尚優優無辜地看著他問道：「你如果一直忘不了，為什麼要跟我在一起？」

「我以為我能夠忘記她。」一個特別張志明的回覆。

《春嬌救志明》開始的那一刻，志明三十六歲，春嬌四十歲了。操心婚事，又不便主動提議，春嬌變得敏感多疑，越發覺得志明永遠長不大。志明也委屈，從前一點就透的春嬌，逐漸不可理喻起來。

和俗世裡的無數戀人類似，志明與春嬌各懷心事，欲言又止。愛情成了味精，成了雞肋，無心丟棄，卻也並非不可或缺。終於，因為一次口角，春嬌把志明晾在臺灣的酒店裡，隻身返港。去機場的計程車裡，播著那英的〈夢一場〉：「早知道是這樣，像夢一場，我才不會把愛都放在同一個地方。我能原諒，你的荒唐，荒唐的是我沒有辦法遺忘。」

霓虹燈光透過車窗照進來，沒有絲毫暖意。涼風吹過，春嬌環抱雙臂，眼淚不聽話地流下來。

縱然不曾說出口，那一刻，在余春嬌心裡，張志明又成了前任。可往者不可諫，來者猶可追，哭什麼呢？

§

我兼業解答情感問題，慢慢懂得一個道理：**世間萬象，既有紛繁多態的細節之差，也有不離其宗的人同此心。**

情海浮沉，翻來覆去，愛與愁不過是幾個排列組合的套餐，而最常點到的一款就是「忘不掉前任怎麼辦」。

女生P向我傾訴刻骨銘心的戀情。和男友相識於校園，散步在梧桐斑駁的樹影下，一起躺在草地上看星星，從詩詞歌賦聊到人生哲學，好像有說不完的話題。哪怕沉默，也沒有絲毫的不自在。

每逢節慶，男友會送她禮物，卡片上寫點只有他們看得懂的情話，像是清風加蓋的密碼。至於在一起的紀念日，男友就更會捧著花束等在樓下，甜得同學朋友都頭皮發麻。

可就這樣任誰看來都無比般配的眷侶，也在人生的風雨裡沾了一腳又一腳的泥。雖然儀式照舊、行為如常，情誼卻從瑣碎的裂縫裡悄然流逝。終於，畢業後的一週，男友去了美國，P留在上海，自此天涯兩端。

P告訴我，他們誰都沒有提分手二字，但已經心照不宣。看男生在朋友圈晒新住所和新校園，卻不再像過往那樣每到一處便向她簽到，她也沒再多糾纏。直到某天夜裡，男友發來短信，頗為稀罕地不再嘮叨，只寫了五個字：我們分手吧。

那陣子P經常暗自垂淚，又怕家人和朋友擔心，不敢多說。面對我這個樹洞，她像是自問似地留言：「白天有事要忙，也都還好。就是夜深人靜的時候，往事就像幻燈片那樣，一幕幕在眼前閃過，就是忘不了他怎麼辦？」

§

曾經擁有天荒地老，已不見你暮暮與朝朝。一度那麼接近幸福，道一聲忘不了尚且可以理解，但另一些留戀，卻匪夷所思。

女生M發現男友劈腿，非但沒有責怪，還央求男友收心。男友借勢提了分手，M又拚命挽留。我問她，為什麼捨不得一個這樣對你的人？M的回答聽得我一震：「除了劈腿和不愛搭理我，他對我還算過得去。」

「難道沒想過找個對你更好的嗎？」

「不願去想。光是他離開的這些天，我就已經不停地想他了。」

向來寂寞惹人醉，心頭的空洞補而復失，哪怕胡亂填鴨也在所不惜。只是，這種貪圖，又哪裡是愛情了？

所有自以為的喜歡，說到底，都是難捨自己。所有自以為的痛苦，說到底，都是心疼自己。

§

為什麼總是忘不掉前任？很簡單：潛意識裡不願意。

哪怕理智已經呼喊了無數次「放手吧」，感性卻習慣調取記憶的畫面來表達「再等等」。**每一次幻想，都是一次自我安慰。每一次回望，都是一次心存僥倖。可是，再精彩的前情提要，都註定要淪為獨角戲**。

我會問所有懷抱類似困擾的人幾個問題：「你想挽回的是那個人，還是那段美好時光？如果讓你卑躬屈膝地去央求，放棄你眼下的一切，你捨得嗎？過去幾年的幸福，和未來幾十年的幸福，你選哪一個？」但凡還沒有沖昏頭的人，都會給出相同的答案。

至於那些個例，我想說的是：想著念著也好，酸澀是愛情的一部分，而時間這味解藥，從不厚此薄彼。

等執拗的孩子長大了，終會明白，刻意去忘記，無非是另一種專程的想念。**忘不掉就忘不掉吧，歲月將撫平內心的褶皺，舊夢安放到自然的位置，當初的痛不欲生成了少不更事，眼下的風平浪靜也算水波溫柔**。

為什麼要逼迫自己忘掉前任呢？**不逃避不遺忘，也能領略命運的深意，這才是成長的本質**。

余春嬌聽哭的〈夢一場〉裡，還有一句歌詞：「時常想起過去的溫存，它讓我在夜裡不會冷。」人會變，情永駐，這是愛情對每個人的祝福。

我這麼好，為什麼沒有男朋友？

有個女生問我，長相不醜，屬於可愛嬌小內向的女生，高中被五、六個人追，但是到了大學從未收到表白，究竟是為什麼？

我回答說，在考慮追人或者被追的時候，幾乎所有人的第一反應都是喜不喜歡、適不適合。這再合理不過。所有關於愛的教育，卷首都寫著「情動於中而行於言」。但有一個因素，因為書本羞於記錄，常常遭遇選擇性的忽略。這個不太受歡迎的詞，叫成本。

高中的朝夕相對是難得的「平等時光」。你穿校服，我也穿校服；你吃食堂，我也吃食堂；要醜一起醜，要窮一起窮。情竇初開的年紀，考慮的因素很少，也沒有現實的壓力，但凡有好感，極容易轉化成表白。說得美好一點，愛對了叫愛情，愛錯了叫青春。被五、六個人追，追七、八個人，都能解釋成內心悸動，也不會被笑作荒唐。

可大學卻有些不同。尤其今天，社團、課業、打工、留學，每個人可做的事情太多，花團錦簇紙醉金迷的生活，也沒有誰非要誰不可。校園愛情，再不是「宿舍裡的收音機天天放著愛你愛你」，也不是「我像每個戀愛的孩子一樣，在大街上琴弦上寂寞成長」，反倒更像是可有可無的添加劑和裝飾品。

§

當愛情的發生不像小說和電影裡那樣圓滿，現實的考量就會浮出水面。而現實，自然離不開成本核算。

我喜歡的女生，每次聊天都只有短短的一句回應，「哦」、「嗯」、「呵呵」、「我要睡覺了」，究竟要不要繼續？還是就此甘休，另覓佳人？這是在考慮時間成本。

雖然我很鍾情她，可是系裡還有不少人也喜歡她，有些關係還不錯，急於表白會不會沒追著意中人，反傷了兄弟情？這是在估算風險成本。

我挺喜歡她的，但她一會兒換一個包、一會兒買一支錶，和我在一起會不會影響她的生活品質？這更是直接的經濟成本了。

我並不是在鼓吹成本至上，與之相反，我深信愛情之美好，恰恰在於能夠超越世俗的考量，綻放精神的光芒。

但普通人的感情，不能光對上限抱有希望，更要從底線往上走。一段感情會承受

太多難以預料的重量，認清現實、釐清成本，是從一開始就為彼此減輕負擔。

換言之，當你希望有人喜歡上你，向你表白，不能枯坐乾等，要釋放一些信號來降低成本。

如果一大群人一起玩，而你又相中了誰，記得要給一些特別的待遇，譬如單獨的四目相對，譬如細節上的照顧，讓他感知到自己的與眾不同。不排除有些自戀的男生無意間對上兩眼，就覺得你已愛他兩年，但對多數正常人來說，收到訊息，是展開交往的必要步驟。

假如有男生表露出積極的姿態，而你既不討厭也不喜歡，也不用先一票否決，相處看看。不想獨處的，找共同的朋友作陪；不介意二人世界的，設定一些明確不可以的界限，然後在允許的框架內盡可能自由開放。給對方機會，也是給自己可能。

§

我見過太多性格溫和品行不凡的女生，著了純愛文藝作品的道，永遠抱定「既沒有早一步，也沒有晚一步」的期待，不肯分寸忍讓，不願絲毫妥協，結果從「原來你也在這裡」，蹉跎成「你死哪兒去了」。

雖然把婚戀比作市場顯得功利冷漠，但現實是，對想要尋求戀愛和婚姻的人來

說，每個人都要面對機會成本的波動。隨著時日推移，哪怕自身條件再優越，可選範圍也會逐步縮小。

我曾經和另一個公眾號一起，組織過一次涵蓋八十萬人的線上相親活動。原本以為，這樣的基數，足以克服相親裡女多男少的窘境。可結果似乎證明了，規模再大，也無法改變相親對女生過於殘酷的事實。

同等條件下，優秀的女生數量遠勝於男生，這本就限制了女生的選擇，而家庭壓力、婚育生理等外部因素，又不斷催逼女生儘早解決。兩者疊加，就會造成不願遷就的女生，從心高氣傲，熬成曲高和寡。越是不願妥協，越是進退維谷。

需要強調的是，我並不是要求女生俯身將就，也不是宣揚獨身有罪。如果堅定單身，同樣值得祝福。怕就怕，早先因為自視甚高，鐵板一塊地冷臉拒絕，回頭又苦於孑然一身，淒惻神傷、自艾自憐。

愛情應該是信念，而非怨念。所謂信念，當然囊括了依然故我，同樣也包含胸懷廣闊：相信愛情會祝福有緣人，相信美好會遇到慧眼。如果對愛情有渴望，又深感自己很好，在等待發現之前，不如先做些努力，讓別人看到。

時間久了、感情淡了，要不要分手？

有個男生問我，和戀愛兩年的女友相處久了，好像越來越沒有感覺，要不要考慮分手？

一般另有新歡的人，都愛拿時間久了、感情淡了做分手的幌子。但我還是姑且心懷良善，來聊聊這個全宇宙百分之九十九的人可能都想過的問題。

提到分手，還能找出比「時間久了、感情淡了」更無法反駁的理由嗎？

任家萱和張承中鬧離婚那會兒，聲明裡寫：「我不再像以前一樣全心全意只為愛情而活，所以我與阿中的愛情，也一點一滴消失了。當夫妻的我們真的不快樂，已經存在的問題依舊存在，硬是要改變自己改變對方，我們都沒辦法。」

很多人唏噓不已，在任家萱遭遇嚴重燒傷和事業低谷之際，張承中仍然執意成婚。但愛情經得起風雨，卻未必經得起平凡。

好在，輿論的風向，並沒有一味苛責，反倒有不少祝福。好像大家日益理解，愛之艱難，並不是付出就一定有結果。就像李宗盛在離婚聲明裡寫：「我們的愛若是錯誤，願你我沒有白白受苦。」也越來越成為情感失利的療傷箴言。

時代變了，離婚不再是禁忌、羞恥或諱莫如深的隱私。至於分手，更不值一哂。

網上一度流傳一份敦煌出土的「放妻協議」：「凡為夫婦之因，前世三生結緣，始配今生之夫婦。若結緣不合，比是怨家，故來相對……既以二心不同，難歸一意，快會及諸親，各還本道。願妻娘子相離之後，重梳嬋鬢，美婦娥眉，巧逞窈窕之姿，選聘高官之主。解怨釋結，更莫相憎。一別兩寬，各生歡喜。」非但沒有絲毫哀戚，反而看出瀟灑和通透的意思，引來交口稱讚。這些都是進步。

但伴隨進步而來的，好像也包括更多的藉口和說辭，彷彿愛情囊括了越來越多的自由，卻不用擔負相應的責任。相愛時你儂我儂，待到相看兩厭，說一句「時間久了，感情淡了」，就能一拍兩散。

如此輕率隨意。

§

愛情，的確是一個複雜的過程。有臉紅心跳荷爾蒙加速分泌的生理反應，有言語投契做什麼都幸福的甜蜜時光。

可是，當新鮮感褪去，重複度加劇，開始步入平淡的日常，很多人不再選擇直面瑣碎，而是轉身迴避，或者另覓良緣。

如是的愛情，就像一場持續迴圈的單機遊戲，戀愛中每個場景都是刷怪物開寶箱漲經驗，一旦遭遇困難，立即按下儲存鍵，做好分手再重新加載回劇情主線的準備。

單機遊戲模式的愛情，享樂永不消失，分手也大無所謂，反正新鮮感沒了，換一個人從頭來過就好。因此，多情的人常常最無情，被動的人每每最觸動。太多癡男怨女，太多負心薄倖，就在這樣的主幹上滋長出各不相同的枝枝蔓蔓。

可惜，永遠在儲存、加載的愛情，固然有一時一刻的心動，說到底仍然是滿足排遣寂寞的低層次需求，不僅乏味、重複，還是對彼此生命的浪費。

成熟的愛人會懂得，平淡是愛情必經的挫折，從來沒有一條坦途能從幸福到幸福。個中的規避和跨越，需要兩個同樣用心的人攜手跨越。能一起享受甜蜜，是緣分；能共同克服平淡，是璧人。

從戀愛到婚姻，從緣分到璧人，是每段愛情的成人禮。

§

電影《愛的萬物論》講的是史蒂芬・霍金（Stephen Hawking）的故事。年輕的霍金在舞會上與第一任妻子珍相識，很快墜入愛河。熱戀之際，霍金卻查出了肌萎縮性脊髓側索硬化症。醫生給霍金下的結論是：最多再活兩年。但珍深愛著霍金，她毅然選擇與霍金完婚，並在婚後照料霍金的日常起居。

然而，霍金挨過了一個又一個兩年，珍卻日漸感受到生活的重量。長時間的看顧、陪伴與幫助，消磨了一度盛大的愛意，留下日益擴散的嫌隙。終於，兩人出現矛盾，以至於到分手的地步。全片的最高潮，珍流著眼淚對霍金說：「我是愛你的，但我以為你只能活兩年。」

偉大的霍金，後來有了第二任妻子，是他的護士伊蓮。

相較這種程度的煎熬和抉擇，普通的「時間久了，感情淡了」，實在不必恐慌，也無須著急自問是否繼續。真要糾結，不妨先想想，如何克服，在更深刻的維度上，尋覓全新的樂趣和眷戀。如果不願，也不敢，可以放棄，也給對方一條生路。但記得承認，並不是愛情的錯誤，也不是時間的問題，千萬別拿「誰也沒辦法」做為搪塞，坦然接受自己是個失敗者，不配擁有更高級愛情的現實。

和不同的人談相似的愛情，不是富有魅力，而是花心幼稚。**真正圓滿的愛情，是和一個固定的人一起，不斷親嘗愛情的百般滋味，風雨在前，永不放手，彩虹乍現，永記心間。**

結婚後遇見今生摯愛，要不要離婚？

我寫兩性文章，不僅針對情竇初開的少男少女，也會有結婚生子的讀者拋來問題。對後者來說，一個普遍的困擾是：婚後遇見今生摯愛，要不要離婚？原諒我這一生放縱不羈愛自由，仍然想旗幟鮮明地說一句：不要。

我們先來看，什麼叫摯愛。

不知道你身邊有沒有這樣的朋友：對每個戀人都無比熱愛，對每段感情都無比投入，可能別人燃燒一輩子的光和熱，放到他或她身上，就是一、兩年，甚至幾個月。牽手之初，純純的愛或者天雷地火，輸了你贏了世界又如何；沒過幾個月，「男人久不見蓮花，開始覺得牡丹美」。

在這些「快熱」的人身上，真愛的時間計量單位不是一輩子，而是一年、一月；真愛的數量不是一個人，而是一個排、一個連。

「快熱」的愛情觀非常不環保、不可持續，每次都覺得遇見了此生摯愛。如果還去鼓動他們為了「真愛」離婚，跑到戶政事務所裡，工作人員說的就不是「恭喜恭喜」，而是「how old are you」——怎麼老是你！況且，你叫那些勤勤儉儉、縫縫補補、「擇一城終老，遇一人白首，還一生房貸，套一世A股」的慢性子、老實人怎麼活？

§

肯定有人會說，你說的那些是「極品」，是「渣男」、「渣女」，大多數人就算花心，也不會愛人如衣服想換就換。很多時候，是懵懵懂懂走進婚姻，最終的確發現有更愛的人。這種情況要不要離婚？

答案依然是謹慎為好。這麼說不是因為「寧拆一座廟，不毀一樁婚」的老思想作祟，而是從愛情和婚姻的本質出發。

什麼是愛情？**愛情是動態的，是感性和理性共同維繫的幻覺。一時一刻的愛情，是感性佔據上風，荷爾蒙加速分泌，心跳、臉紅、口渴、目不轉睛。一生一世的愛情，是理性更勝一籌，盡可能從無所不在的生活瑣碎裡，蹚出一條生路，彼此適應、彼此磨合、彼此扶持。**

起初，愛情的美好，在於整個世界什麼都看不見、聽不見，只剩兩個人的歡快愉悅，「甜過初戀」。可慢慢地，愛情的美好，變成了信任，變成了依靠，變成了天地再喧嘩，我也能看到你，我也知道你在那裡。

一開始我們都希望他或她永遠陪在身邊，黏在一塊。後來我們懂得，真愛是在一起，哪怕不說話，就十分美好；哪怕愛人不在身邊，也會有淡淡的思念、穩穩的幸福。

第一種美好是動物本能，不難觸發。但第二種美好需要後天習得，需要體力和腦力的付出。就像佛洛姆所說，愛不僅是一種願望，也是一種能力。

而婚姻是什麼？**婚姻就是在通常情況下，兩個相愛的人決定按照一部基於公序良俗和先人智慧的提綱，一同修煉愛的能力。**

既然選擇了婚姻這門課，一起上課的人，總是有過判斷、下過決心的。可臨了，人心思變，其中一個人提出，跟你共學沒意思，我要換一個此生摯愛一起學。

相信我，學霸一早能看出苗頭，學渣跟誰一起學都渣。

§

我不講空泛的道德，也不是咬死不能離婚。我只是在說，因為「此生摯愛」這種理由退出自主選擇的婚姻，一定不是結束，只是開始。他或者她會繼續不加節制地放任第一種美好，會繼續遇到「此生摯愛」，會不斷地循環往復。

很多人熟悉陳可辛導演的電影《甜蜜蜜》。它的英文名字也很有意思，Almost A

Love Story。

李翹和黎小軍，兩個赴港打拚的內地人邂逅於異鄉，燃情於雨夜，當然是愛情使然。但第二天醒來，餘溫散盡，李翹還有致富的夢，黎小軍家裡還有小婷。和小婷通話時，黎小軍該說新年祝福，卻來了句「我愛你」，背後沒出口的那層意思，是對不起。

之後，李翹和黎小軍在流逝的光陰裡分分合合，李翹跟著豹哥跑路去美國。黎小軍赴美之前，給小婷留下一封信說：「我本來就不是一個勇敢的男人。我不敢要你原諒我，我只是想，我們一起這麼多年，走過的路這麼長，小婷，我也難過的。」

此地的圓滿，常常意味著遠方的破碎。李翹和黎小軍的命運錯進錯出，每每離此生摯愛很近，卻終究擦肩而過。

不能說這不是愛情，但要說是完完全全的愛情，似乎又有些弔詭。至少，很多人鍾情的並不是怯懦糾結的黎小軍，而是有情有義的豹哥。

關於這部電影，陳可辛自己說得最好：「李翹永遠屬於豹哥，但她在人生的各個階段會遇到不同的黎小軍。」

現實也是如此。

願意和豹哥過一生的人，一輩子都會跟著同一個豹哥。而等待黎小軍的人，一輩子都會遇到不同的黎小軍。

我是愛你的，你不知道也很好

白天是遺忘的故鄉，黑夜是祕密的溫床。

當整日的奔波勞作告一段落，內心的騷動和糾纏又會像爬牆虎一樣布滿窗戶與垣牆，想剪，剪不斷；想理，理還亂。

如今的人，誰沒有一些不為人知的心思？於是深夜飲酒，抿一口，仰頭吞下，再吐出來，就是暗流洶湧的故事。

歌裡這樣唱：「搖晃的紅酒杯，嘴唇像染著鮮血，那不尋常的美，難赦免的罪。」看起來誇張怪誕，卻是現實的經驗之談。

§

我的朋友史黛拉是萬中選一的女生，容顏美好，性格和善，有鬼馬的心思，也有玲瓏的情意，但凡和她打過交道的人，沒有不為所動的。

按眼下的流俗，史黛拉的劇本應該這樣寫：因為太過優秀，又不願將就，唯一的遺憾就是難得有情郎。年歲漸長，家人催逼，朋友攀比，單身壓力聚攏成時隱時現的烏雲。

然而，史黛拉的人生跟開了掛似的晴空萬里。早早結婚的她有一個「二十四孝老公」，事事以她的意志為準繩，上下班接送，在家時伺候，外面受了委屈，回到家裡隨意傾訴宣洩，老公沒有半句微詞。夫妻倆偶爾拌個嘴，還沒趁勢發怒，老公已經忙著道歉。簡單來說，這是一個令人「氣不打一處來」的故事：「別人家的老公」和「別人家的老婆」竟然真的湊成了一對。

可是某個晚上，三五好友約在酒吧閒扯，聊到愛情與婚姻，史黛拉卻把我們嚇了一跳。她說結婚之後的第四年，差一點就出軌，對象是相熟十年的朋友麥克。

打從認識之日，兩人就有不同尋常的默契，言談甚歡，也彼此欣賞。忽然有一天，麥克開始遊走在曖昧的邊緣，史黛拉也維持著欲拒還迎的姿態。

我們問史黛拉，為什麼沒有回絕，她說得很坦白：「麥克和老公不太一樣。我知道這樣不對，但還是會享受那一點點虛幻的貪圖。」史黛拉還說，如果不是某次意外，她差點要和麥克發生點什麼。但命運向她發出了警告，她最終也接受了，「而且，我還是很愛我老公的，不會再有任何人像他對我這麼好」。

按傳統保守的道德觀念，史黛拉玩過界了。但我倒覺得，拋開個人的是非觀念，史黛拉的經歷有著更普世的意義：成年人的幸福，遠不是童話裡那樣簡單而穩固。

或許正是像這樣不曾出口的祕密，調動了理智，壓制了感性，起到了至關重要的緩衝作用。

§

愛註定會通往幸福，只是我們的一廂情願。期望和能力從來不是一回事。對不夠成熟的人而言，可能正因為愛，才有更多的抱怨和傷害。

念研究所當時，聽過一個友系的故事。考研究所時每個人狀況不一，有應屆生，也有工作多年後想換個環境的社會人。友系就有這樣一位老大哥，孩子五歲了，從小地方考過來，只為將來能扎根一線城市，給孩子更好的成長環境。

老大哥是吃過苦的人。講起自己年輕時到廣東打工，每到傍晚，趕上廠區工人下班，烏泱泱的人潮，穿著統一的工作服，面無表情地向門口湧動。「那時候我就想，我這一輩子，不能這麼面目模糊不明不白地過。」他頗為感慨地說。

可「明明白白」哪有那麼容易？費了九牛二虎之力考上名校研究生，轉眼三年，又到畢業季。一般畢業生找對口工作已屬不易，老大哥還因為年齡過高，遭遇了更多冷眼。我們親眼所見，都心有戚戚。可身在家鄉的嫂子，卻未必能體諒。

畢業前夕，老大哥拉我們去吃燒烤，酒酣耳熱之際，唯有他幽幽歎息。我們問起緣由，他說，嫂子擔心他留在一線城市，自己卻要留在家鄉，長此以往，感情會遭遇危機。另一方面，看他找不到好工作，又總是念叨著急。兩種情緒一攪和，電話裡就很少有好言好語。

「那你有把困難一五一十地說清楚嗎？都交代了，嫂子不就能理解了？」我們好奇。「她知道個好消息就行了。過程中的曲曲折折，就當成祕密好了。她聽了也沒用，還要擔心。」老大哥這麼回答。

我素來宣導溝通，因而不太認同老大哥的方式。但必須承認，愛情的確沒有百分百的透明。如果以心懷善意為前提，留一點祕密，反倒能把更好的一面留給對方。

§

綜藝節目和情感專欄有一個常見問題：到底要不要看情侶的手機？以前我堅持不要，因為看不到什麼，留下疑慮的把柄；看到了什麼，又種下矛盾的種子。現在我更堅持不要，因為誰都有些不願人知的碎屑，留給自己消化，好讓對方安心；允許對方保守，也給彼此空間。

當然，包容祕密，並不是反對交流，更不是鼓勵謊言。願意事無巨細地開誠布公，也完全沒有問題。但是奉勸一句，**別再把愛人之間應該毫無保留作為道德意義上的鐵律，有時這只會適得其反。好的愛情是有彈性的。連一兩個祕密都容納不下，弦綳得太緊，更容易斷裂。**

一個人需要隱藏多少祕密，才能巧妙地度過一生？恕我愚鈍，難以說清。

但我記得史黛拉嚇到我們的那個夜晚，觥籌交錯，玻璃上留著幾道掛杯，然後又消失不見。這不就是生活嗎？某一刻確鑿無疑的存在，下一秒又消隱在昏暗的光線裡。

就讓一切隨風吧，反正我是愛你的，只要我是愛你的。夜很好，酒很好，你不知道也很好。

戀人們吵個不停，可能只是因為錢

如果問我婚姻裡最後悔的事，最後知道真相的我眼淚掉下來：不是所遇非人，不是心有不甘，不是「得不到的永遠在騷動，被偏愛的都有恃無恐」，而是——沒有買一臺洗碗機！

當初裝修，嫌廚房不夠大，為了更多操作空間，無奈割捨對洗碗機的執念。畢竟在我心中，曾經有一個夢，要是不當作家，一定做個廚子。連身手都施展不開，怎麼「我為王在自己的國度」？

可真的過上日子，發現做菜一時爽，洗碗淚兩行。每次料理完畢，索性把鍋碗瓢盆往水槽裡一丟，玩一會兒再說。

可這「一會兒」，轉眼就是幾個小時，當加完班的老婆大人拖著疲憊的身軀，穿越迷離的夜色，打開久違的家門，看見我癱在沙發一角，再跑進廚房望見堆疊的髒碗，那一聲刺破長空的怒吼，瞬間讓我想到《三國演義》中長板橋頭橫刀立馬的張翼德。

我跟張翼德——呸，跟老婆大人解釋說：「我漫漫白天埋頭寫作辛勞，我修煉廚藝只為週末孝敬，就看在愛意深沉用心良苦的分上，碗能不能過兩天一起洗？」

老婆大人眉目含笑語帶溫存：「哪那麼多廢話！洗了！」

六月的天飛起鵝毛大雪，我心裡的小人左右開弓抽自己的耳光：讓你貪吃，讓你糟蹋碗，明天叫外賣。這個時候，若有人給一臺洗碗機，我都能給他跪下。

洗碗機不是重點，我想強調的是一條真理：情侶度日，夫妻相處，要相信科技改變生活，能用錢解決的事兒，千萬不要有一絲一毫的猶豫。

如今流行說消費升級，其實升級的不是產品功能，而是使用者認知。每當我看到花大價錢買的洗衣機、吸塵器，都深感這是人類最智慧的頭腦為了拯救我輩生活白癡而播撒的福音。

要不是全自動洗衣機分棉麻羊毛各種模式，換成半自動或者全手動，我難得想表現一下，估計也得把老婆大人的衣服從輕奢洗成輕傷。至於好用的吸塵器和掃地機器人，簡直是為長時間打字直不起腰提前進入中老年的患者朋友提供的無上獎賞。當然，家裡保持清潔齊整，最重要的祕訣不是這些機器，而是一個熟練操作它們的阿姨。

§

說實話，每天看網友提出關於情感的困擾和抱怨，以至於爭吵不休，多數是從家庭瑣事的不和睦開始的。人總是容易陷入非此即彼的迴圈，既然家務不是你做就是我做，我那麼辛苦了，你為什麼就不能替我分擔呢？

好多次我都忍不住問，拜託，你就沒想過把彼此解放出來，請個好阿姨或者買個好工具嗎？聽了這話，他們更來勁：我沒錢啊。

在我們傳統愛的教育裡，錢是羞於啟齒的。愛情嘛，就得是心意相通的一對璧人，你忠誠無二，我三貞九烈；你一心付出，我十分回報。提錢多庸俗，多尷尬，我究竟是愛上你的人，還是看上你的錢？

可現實是，錢是穩定關係裡不可或缺的部分。

你心心念念想吃法國菜，我突發奇想要吃日本料理，除了你遷就我或者我服從你，還有一種選擇是各約朋友，各吃各的。等下回達成一致了，再高高興興攜手同去。

只有錢讓我們自由了，我們才不會去壓榨別人的權益。尤其是對親近的人，我們常常把自己的欲望當作他們的義務。錢能為這種逼迫鬆綁。

§

前陣子某品牌出星辰唇膏，網上有一套行銷話術，說「愛她就送她星辰唇膏」。有不少女生跟風轉發，到後來，買不買星辰唇膏，成了夠不夠格當男朋友的標準。

我當然理解，唇膏這麼小的事兒，轉給自己的男朋友，大都是撒嬌發嗲，和外人沒半點關係。哪怕是死纏爛打要買，也不是真的心疼這點錢，而是看重購買行為背後的「在乎」。

但我仍然想說，除了用一支唇膏、一個包把自己框限進去之外，女生是可以在更廣闊的天地裡選擇自己的人生的。哪怕一生只愛時尚單品，也大可以存自己的錢，培養自己賺錢的能力。

這和單身與否無關，和有沒有一個深愛你的人也無關，本質上它是一種爭取自由的過程。而現實往往是，越是不等別人來「對我好」的女生，越是能在紛繁複雜的生活裡轉圜自如，繼而遇見值得的愛人。

感情不是兩個相互吸引的人膩在一起，從彼此需要熬成彼此拖累，而是兩個各自獨立的人，因為不止於情感衝動的原因走到一起，一同磨合進步，共處時相得益彰，退一步也相安無事。

長輩口中的愛情祕訣永遠是愛，是忍。這很重要。但我覺得，**從底線而言，兩個人的幸福願景，是需要把生活過得更好的能力。真的，別恨錢，別貪錢，努力超越錢，你會更懂得愛的美好。**

Part 4
明知不可能，還要不要去追求？

明知不可能，還要去追求，
不是知道不對還要任性妄為，
而是自問想做、要做、應該做，
就不計代價地去實現。

人活一輩子，往前看只有未知，
往回看只有記憶。
人生不僅是結果，也是過程。

人生難免迷茫，你竟和我一樣

三年多前，師兄熊三木邀我去家中聊事情，在座的還有Dr.Wine社交APP的創始人Darkley。三木家有一個毗鄰天臺的小空間，採光充足。我們幾個盤腿而坐，任冬日的暖陽灑下來，照出空氣裡的纖塵。桌上的空酒瓶越來越多，話題也越聊越廣。

或許因為三木也有較長的媒體從業經歷，出走之後，大量人脈和心念仍舊與此有關。二〇一三年，正是傳統媒體斷崖式滑坡的發端，微信公眾號也興起不久。

酒過三巡，三木問我：「你的微信有多少粉絲了？」

「兩、三千吧。」我抿了口酒，來掩蓋內心的羞怯。

「我仔細看過你的文章，以你的筆力，十倍肯定沒問題。但未來怎麼走，還要好好想想。」話音未落，三木家那隻叫蘇格拉底的黃金獵犬湊過來，晃著尾巴，眼神裡好像也透出些「浪潮之巔」的憧憬。

三木的語速很快，但那句話，我字字都聽進去了。

轉眼兩年多。我的微信訂閱用戶翻了不止百倍，爽直且急性子的三木師兄則闖出了一番更大的功業。精力從原來的行動網路行銷公司轉向創業投資之後，除了Dr. Wine，三木還投資了江湖聞名的「一條」（編註：中國一家主打生活短片的網路新媒體）。最近的例子是，他押了「重注」，投資他曾經在美國「同居一夜」的羅永浩。錘子手機的每一波風尚和爭議裡，三木都不曾缺席。

熟悉三木的人都知道，他的工作節奏和思維轉動一樣快，每日的行程排滿，連飛機航程都要看書，再用手機寫下書評和感想。某種程度上，他像是當下的縮影，快速試錯、快速反覆運算、快速前行。

遭遇瓶頸的時刻，我常常想起三木。比你更聰明的人，竟然還更努力。於是咬咬牙，難關也就過來了。

§

和三木那次聊天後，媒體變局似乎愈加撲朔迷離，唱衰聲也甚囂塵上。但凡新老媒體人齊聚的飯局，聊的都是創業、融資或自媒體，鮮少有人關注苟延殘喘的沉重軀殼。有時交換名片，別人掃一眼抬頭，還會關心一句：「你怎麼還在傳統媒體？」

承蒙青眼，不少前輩和同儕也拋來橄欖枝。說不搖擺，是不可能的。但問問內心，好像又有丟捨不下的東西。最迷茫的時刻，我重新回到學校，去找我的導師，期望能得到一個答案。導師卻扔給我一個問題。

在那間無比熟悉的辦公室裡，導師點了一根菸，默默聽完我的惶惑。菸灰褪盡的時候，他問我：「那些關掉的傳統媒體，是它們受到的衝擊無可挽回，還是本身做得就不夠好？」我看著導師鬢邊幾乎全白的頭髮，因工作不止而略顯疲憊的面容，聽懂了他的弦外之音。導師知道我有寫作的執念，所以打了一個反求諸己的機鋒。

臨別，導師囑咐我：「有時間還是要多讀點書，尤其是關於歷史和文化的。其他的事情，就待價而沽吧。」現實的考量，他不是不會做。只是，在他的心裡，學生再成長，都還是當年校園裡的樣子。

有一次，看到導師在媒體發表的文章，其中有一段：「網際網路時代，什麼樣的職業最有前途？凡是網際網路不能做的都是有前途的。創造性的文字表達，電腦做不來，只有人腦才可以。因此，有文字表達能力的新聞傳播專業學生在網際網路時代是最有前途的。這就是我，一名網際網路時代難民的忠告！或許，只不過是一種哀鳴！」

§

和很多師長一樣，導師教會我「慢」字訣：在一個匆忙的年月，不必太過著急。

我相信，這個時代的年輕人，多少和我類似，進退失據，拔劍茫然。想做弄潮兒，有功成名就的野望，又頗多負累——斷不了對穩定的希冀，抹不去對閒散的眷戀，擔不起對失去的恐懼。

而身邊的世界，又時刻在變化動盪。一會兒有學長拿到了第二輪融資，一會兒有學姐升任了高階主管，一會兒有同學誕下兒女，一會兒有家裡的長輩亡故孜孜以求的未必就能在握，晝夜擔心的也未必就能躲過。秒針分針滴答流轉，想快，常常不知何往；想慢，又往往身不由己。

張艾嘉和李宗盛合作的〈最愛〉，最後有句半說半唱的感慨：「紅顏難免多情，你竟和我一樣。」紅顏多情不稀罕，難得的是，「你竟和我一樣」的意料之外和情理之中。而面對歲月不居，時節如流，恐怕也是人生難免迷茫，你竟和我一樣。

所幸，生命裡還有那些重要的人，教授我們快慢之道。即便是同齡人的切身實踐，相互參照，也更能掌控自己的節奏。

回首來時路，首先自然是感謝那些催我們奮進，又叫我們淡定的人。然後，看透難與人言的苦衷，但願每個人都能在新年找到真實的自己。

就像如今的我，想到蘇格拉底清澈的眼睛，或者導師辦公室裡嫋嫋的菸圈，會更懂得命運的祝福。

共你有過風雨憂愁，才是我的致青春

電影《海闊天空》熱映那時，正是「大眾創業，萬眾創新」的早期。黃曉明、鄧超和佟大為演繹新東方的發跡史，有校園，有商海，有荷爾蒙飛揚的青春。雖然很不喜歡其中「有錢就是爺」的價值觀，但電影確實有幾個特定的場景，牽動了我關於過往的記憶。

二〇〇九年的夏天，我大學畢業。早早確定了直升研究所，暑假處在漫無目的的閒散狀態。從初中、高中到大學都和我同班的胖子，則放棄了世人眼中的名校學歷，選擇開淘寶店。

入行伊始，沒什麼貨源，只好從門檻較低的女裝做起。

那年的八月很熱，在開著空調的房間裡走動，都不免意興闌珊。但為了在網店鋪貨的同時消化庫存，等太陽落山，天氣稍涼，我們會挑選浦東的一處商圈擺攤賣T恤。

對我們這些素日宅著，連實習都沒做過幾次的學生而言，擺攤是從未有過的經歷。每天挑選空地，從小推車裡把塑膠袋拿出來，支起衣架，再掛上衣服，然後花式叫賣，樂此不疲。

可能是談吐斯文不像尋常小販，我們的小攤人氣頗旺。三十九元人民幣的價格，哪怕中高端住宅區和連鎖店環伺也有吸引力。起初兩天賣掉近百件T恤，成績斐然。

可擺攤畢竟是緩兵之計，七月流火，夏去秋來，前路依舊漫漫。然而最終，全心投入的胖子面臨更大的壓力。家裡長輩每逮到機會就要嘮叨，含辛茹苦將他帶大，努力多年進了名校，好好的大企業不去，偏要做小生意。

同學聚會做通訊錄，要填職業一欄，旁人都是某某銀行、某某外企，胖子照例坦坦蕩蕩地填上「個體戶」。有同學半是關心半是好奇地問：「你這樣沒問題嗎？」胖子只是笑笑。背後的意思我們都明白：盡可能嘗試想做的事情，過與眾不同的人生，不要活著活著，變成自己討厭的人。至於特立獨行的代價，個中甘苦，我們共同承擔。也因為彼此信任，我和胖子好像從未想過，失敗了會怎樣。

§

後來，我回學校讀研究所，胖子一邊經營淘寶店，一邊輾轉不同的行業：做過房地產仲介，待過公關公司，順便拓展了海外購物業務。

我和他一起進過貨，看他和批發服裝的阿姨親如姐妹。有時聽他說起做仲介，身在一堆大專生裡不便融入，只好謊稱自己是復旦網路學院的。這樣的時刻，我總會驚奇地看著他，眼神裡寫著「鬼知道你經歷了什麼」。至於每次的新品如何進棚拍攝，以及一些我聽來會抓耳撓腮的課題，胖子做來，早已駕輕就熟。

時光飛逝，轉眼三年，我進媒體工作。胖子決心開一家廣告公司，主做社會行銷。工作之餘，因為有閒暇，我也會去幫忙。廣告是一個腦力密集型行業，特別耗人力，尚在起步的我們負擔不起高昂的成本，於是只好捲起袖子自己上，一個當三個用。

最早的辦公室在蘇州河畔的倉庫裡，週末臨時借用，一張桌子，一、兩條延長線，幾臺電腦，幾杯咖啡，圍坐在一起，加班到深夜。我們把內容的生產切割成生產線，誰負責選題策劃，誰負責素材搜集，誰負責粗加工成文，誰負責精加工修改編輯，一來二去，完成了回頭想想都害怕的工作量。

很多次，當我們強忍著饑腸轆轆，走出倉庫的大門，連值班的警衛大叔都已入睡多時。清冷的夜裡湧起薄霧，路燈的光線穿過，打在身上，空氣裡有纖塵，就像我們細小的心事。可回想起來，一無所有的我們，好像有著裝下全世界的胸懷。

§

再一晃神，又是兩年過去。公司從瑞金路的聯合辦公空間轉到建國西路的一間洋房，再如今是創業園區裡的一大間。有人來，有人走，陸陸續續，也已經一百多人。

當年談創業而色變的保守派們，已經越來越接受多元的職業選擇，整個時代，創業儼然成為階層流動的快車道。財務自由像一個遮天蔽日的夢，引得萬眾瘋狂。

可我和胖子，好像也沒有太多具體的功成名就的想像。如果深究起來，不如說，我們更享受一同奮鬥的每一個瞬間，珍惜一起面對的每一次困難。過程，也許遠比結果來得重要。說得煽情一點，歷史有接近無限的可能，不再記得我們是誰，但我們嬉笑怒罵的青春，卻是一生珍藏的回憶。

張學友的歌裡唱：「共你有過最美的邂逅，共你有過一些風雨憂愁，共你醉過痛過的最後，但我發覺想你不能沒有。」這當然是愛意，但友情也很相似。

生命是一場未知的旅程。你不知道在哪一個路口，會遇見誰，又會在哪一個瞬間，和誰走失在茫茫人海。在這個意義上，有機會共沐風雨，是最為寶貴的經歷，這才是我們普通人的致青春。

很多時候，你根本無須選擇

讀者小A寫信給我，傾訴職場上遭遇的迷茫。畢業之後，她選擇留在大學所在的城市實習、工作，前後九個多月。對她來說，那是一段蜜月時光，「每天都很開心，很期待去工作，主管好同事好工作也好。」然而，因為經營不善，公司不幸倒閉了。

小A輾轉找到下一份工作，做了兩個月，雖然也認為公司不錯，卻總是不開心，很壓抑，「辦公室老是散發那種陰森憂鬱的氣氛，女主管又難以理解，經常在變。」

另一個原因，也讓小A難以接受，目前的工作業務範圍太窄，如果要考慮今後的職場選擇，對跳槽不太有利。無奈之下，小A說：「別問我當初怎麼選擇進這家的，腦殘進水缺錢又聽說是大公司就進去了。我現在已經在考慮年前辭職了，怎麼辦？還是要回老家老老實實待著？」

小A身處的行業，我未必熟悉，還是先從更了解的寫作說起。

§

一直以來，我的理想是成為自由職業者。對於多數天賦有限的普通人，自由職業的前提是，先好好工作。

讀書那會兒，我的日常「工作」除了課業，也包括投稿給媒體。當時還未轉正的老婆大人，會幫我搜集大量媒體的投稿郵箱，擬定去信的格式，逐一發送。不出預料，收到的退信比回信都多，更多的郵件石沉大海。

為了改善生活，偶爾會接一些命題作文。有時替公司寫傳記，有時替客戶想廣告語。拿人的手軟，每每要忍受「的地得」都不分的甲方指手畫腳。我獅子座的人生信條向來是做人要有骨氣，脾氣上來了，我也直言頂撞，然後無奈換個甲方，繼續迴圈。

愛寫作的人基本心向自由。那段時間，我真正懂得了，自由需要付出相應的代價。

畢業之後進媒體，受到很多照顧，可在寫的和想寫的，多少有些距離。也彷徨過、猶豫過，不知道工作和興趣的比重如何分配。好在是用力的性格，想出的解決之道格外癡憨：自行加班。每天工作十二、三個小時，每天要產出成千上萬字，大概維繫了近一年，總算蹚出些清晰可辨的方向。

如今想來，當時近乎透支的付出，也未必有什麼明確的目的。某種程度上，更像是一種執念，但行好事，莫問前程。再回頭看，竟然能解讀出冥冥中的深意。佛典裡有個詞叫「功不唐捐」，任何的功德與修為，都不會白白浪費。關於這點，我深信不疑。

很多自以為的迷茫，不過是因為還不夠努力。這是我切身的經驗。

§

我很鍾情徐小鳳的〈順流逆流〉：「幾多艱苦當天我默默接受，幾多辛酸也未放手。故意挑剔今天我不在乎，只跟心中意願去走。不相信未作犧牲竟可先擁有，只相信是靠雙手找到我欲求，每一串汗水換每一個成就，從來得失我睇透。」乍看很直白，仔細體會，卻有會心。

人生難免有順流逆流。遇到心儀的工作和同事，固然可喜，置身微妙的環境和場合，也不必焦慮。我們時常認定的兩難，往往只是在現實裡陷得太深。換個角度，或者換個立足點，自然能看見更遠闊的地方。

對大多數人而言，跳槽或者留守都沒有那麼重要，關鍵是能夠聽到自己內心的聲音，再付諸行動。以養活自己、照顧好生命裡重要的人為先決條件，去做喜歡的事。如果冗餘的工作佔用了你的時間、敗壞了你的心情，就透過提升效率和業餘時間的努力，尋找另一份工作的可能性。

換一個環境很容易，改變自己卻很難。近來看大師兄朱炫的《年少荒唐》，裡邊有一句話說：「我聽聞最美的故事，是公主死去了，屠龍的少年還在燃燒。火苗再小，你都要反復地點燃。」

如果這句聽上去不夠有力，還有馬奎斯。他老人家寫《異鄉客》，自序裡就開宗明義：「我在這個版本的基礎上重寫了一遍。這是一種很寶貴的創作經驗……哪怕是為了讓那些有志於以後成為作家的孩子從現在就開始了解，寫作這種『惡習』是多麼貪婪和熬人。」

很少有寫作者會透露，無數靜謐如水的夜闌之中，江郎才盡的灼燒感時常將自己包圍。而那些恍如神啟的句子和文本，又怎樣像清泉，在不期然的當口湧進心田。

就像小A，就像我，就像每個彷徨於理想和現實的凡人，**既然「貪婪和熬人」在所難免，不如用盡全力，去等待一個悄然而至的轉機。忍耐很重要，勇敢也很難得。即便兩者都不夠，至少還能拚命。而最不可取的，其實是逃避。**

人生未必是非此即彼的選擇題。之所以糾結，只因做得還不夠極致。很多時候，你根本無須選擇。

明知不可能，還要不要去追求？

經常有人和我抱怨遭遇的不公，凡此種種，最終都通向一個結論：世界上永遠沒有絕對的平等。我很贊同。

可是然後呢？就認了？就不用呼籲平等了？因為向來如此，所以就安之若素？因為誰都一樣，所以就忍氣吞聲？

很多時候，我們只是用「向來如此」、「誰都一樣」，來掩蓋自己的懶惰和怯懦。可真相是，沒有一種「向來」，能在宇宙洪荒的起點就確立下來，紋絲不動地傳承到今天；也沒有一種「一樣」，能覆蓋各色的種族、階層、職業，成為普世的真理。

習以為常、人皆如此，往往是我們向現實妥協之後，最心安理得的自我說服。明知不可能的人和事，到底要不要去追求呢？我的答案是，當然要。

§

在我們都曾厭惡的教材、參考書裡，有大量追求理想的殉道者，有的梟首示眾，有的燒死在火刑柱上。可千百年過後，多數人記得的名字，屬於「劊子手」還是「受害者」？廣泛傳播的，是暴行還是學說？

褚威格在《異端的權利》裡，記錄了卡斯特利奧與加爾文之間像「蒼蠅戰大象」一樣的鬥爭。我們驚奇地發現，看完之後，同情並傳頌的，並不是曾經流亡、被捕、備受迫害，後來一躍成為日內瓦宗教領袖的加爾文，而是獨立、不懈、無懼無畏的教授卡斯特利奧。

哪怕卡斯特利奧並未勝利，還在貧病交加中死去，但他奉行的準則，度過了黑暗的歲月，直到今天仍在閃耀光芒。

村上春樹在領取耶路撒冷文學獎的時候，發表過一次著名的演講。他說，身為作家，「假如這裡有堅固的高牆和撞牆破碎的雞蛋，我總是站在雞蛋一邊。是的，無論高牆多麼正確和雞蛋多麼錯誤，我也還是站在雞蛋一邊。正確不正確是由別人決定的，或是由時間和歷史決定的」。

在我看來，村上的姿態背後，蘊藏著更深的潛臺詞：以卵擊石，一定不會完好無缺。但明知不可能，還要去追求，恰恰證明人類勇敢、自由、有尊嚴。

§

上面的例子太高大上（編註：意指高端、大氣、上檔次），來講講普通人。

和多數人一樣，我是個懷揣夢想的現實主義者。寫作謀生，是我最心儀的生活方式。可求學當時，我自己也明白，單純依靠寫自己喜歡的東西，要過上寬裕的生活，恐怕不太可能。

為此，總要找個可靠穩定的工作，偶爾寫點外稿，打點零工。最忙碌的時刻，每天要寫八千到一萬字，對著電腦文書軟體時間太久，寫完抬頭看看雪白的天花板，都像是活字印刷的雕版。說好聽點叫幻覺，說難聽點都有了心理陰影。

事到如今，仔細想想，幸好沒有屈從於一時的氣餒或憤怒，沒有在最動搖的時刻說放棄，還把想寫的東西堅持下來，才有了每一個讀者，和我共用文字承載的歡喜和憂傷，一起體驗生命相遇的膚淺與深刻。

這種場景，於當時的我是天方夜譚，眼下卻真實地發生了。

人的目光總是有局限，當下認定的不可能，也許將來的某一刻就成為可能，只要肯付出，肯努力。雖然努力未必就有意料中的收穫，但不努力，註定不會一如預期，還容易牢騷滿腹、止步不前。

§

身邊的朋友裡，也有不少挑戰「不可能」的。我大學畢業那會兒，創業還不時髦，還有特立獨行的意味。

可有人放著優質的學歷和穩定的工作不要，選擇做個體戶，擺地攤、找店面、尋貨源、談合作，一直到現在。規模的拓展和業務的增加倒在其次，最顯著的變化是，原來泯然眾人的氣質長相，竟然換了一副昂揚的神采。

還有個朋友，妻子懷有身孕，家裡還背著房貸，但左思右想，決定辭職，就著看準的事業日以繼夜地幹。期間當然有不為人知的血淚，挫折和阻礙也在所難免，可如今，熬過來了，一家人非但生計無憂，說是遠勝中產都並不為過。

他們決斷的那一刻，當然也想過「不可能」，可追求著、追求著，卻看到了希望的曙光，沐浴著奮鬥的溫暖。

舉這些真實的例子，不是為了教化和說服。我們未必能改變世界，甚至都無法改變身邊的人，但追求本身，一定意味著自我的蛻變。明知不可能，還要去追求，不是知道不對還要任性妄為，而是自問想做、要做、應該做，就不計代價地去實現。

人活一輩子，往前看只有未知，往回看只有記憶。人生不僅是結果，也是過程。回憶不必苛求完美，也不必全是幸福快樂，但至少，我們要經歷過、拚搏過、奮進過、努力過。當我們老了，才會得到最珍貴的禮物，不是得名得利，而是無怨無悔。

世界往往在「不可能」之中日臻完善，人生往往在「不可能」之中絕處逢生。哪怕明知不可能，只要願意，就勇敢去追求。

李宗盛有一首不甚知名的歌叫〈遠行〉。在這首寫給女兒的歌裡，有一句最打動我：「時間不停，時間不停，原諒我依然決定遠行。當所有等待都變成曾經，我會說好多精彩的故事給你聽。」

最好的人和事，都有一個共性

「那天我真的見到了匠人之心，就是女生在ＰＳ自己的照片。」兩年前的一個午後，在商場地下的藝術空間裡，我的師妹周小肉手持話筒，連身拉鍊衫的胸口寫著「whatever」。在她背後的投影布幕上，是她的自畫像：綠襖子、紅扇子、廣場舞少女撐場子。

「這姑娘有點意思。」我當時想，就像我在結識她的三年裡很多次感受到的那樣。

我和小肉的結緣純屬偶然。某次我推送一篇關於復旦的文章，在網上搜索到一組手繪圖片。發布之後，有讀者留言說：「踢踢，這是你們學校哲學系的周小肉畫的。」我要了小肉的聯繫方式，加上之後趕緊說聲冒昧。小肉親切，連說「沒關係、沒關係」，說著說著，就產生了關係。

第一次和小肉見面，是在中山公園附近一處改造的民居。她在那裡辦個展，主題是「無聊人」。因為到得早，我在狹小的區域裡兜兜轉轉，窗框、門楣、玄關換鞋處，室內的扶手、櫥櫃、桌椅，都是她的畫作和周邊。童真的手繪，配上別致的文字。

「哪裡無聊了，分明是趣味爆表啊。」我問她。

「無聊不是boring，而是無以聊。人生很多事都是要自己消化、發酵的。」小肉解釋說。

謹受教。到底是哲學系的師妹，稚氣淳樸的畫風底下，仍然直指生命的本質。乍看是兒童畫，背後流露的卻是孤獨與生命的思考。當然，這麼肉麻的評價，我沒有當面對她說。

§

或許和寫文章類似，繪畫呈現的，永遠只是思想做過減法之後的面貌。那些有意無意藏匿的機鋒，始終在等待知心會心的素心人。看小肉的圖文，第一反應是可愛，可細究起來，背後有不那麼率直的東西。

她翻新過一幅〈虢國夫人游春圖〉，馬隊盛大，人群齊整，可仔細看，每匹馬的脖領前邊，都是ＢＭＷ的標誌。再凝神細察，虢國夫人坐騎的肚子上，還綁著一隻備胎。「有陣子流行說，寧願在寶馬車裡哭，也不要在自行車上笑。我就畫了這些寶馬。」後來小肉做新書分享會，特意做了解釋。

可她又不只是諷刺世相。在她的畫裡，很少有批判的戾氣，最多是鬼馬精靈。另一幅翻新的繪畫《鑿壁偷光》裡，小肉畫完典故，又加了一幅，匡衡鑿穿牆壁借到光亮之後，重新趴回牆上，窺視鄰居在幹嘛。「我在想，鑿壁偷光之後，再順便看看隔壁屋子裡的人在幹什麼，才是最基本的人性吧。」說完這句，她哧哧地笑。

因為請小肉幫我的第一本書繪製插圖，見識過她日畫三、五幅的神速。然而，她迄今堅持手繪，拒絕繪圖板，理由是以手握筆的觸感更真實。由此也帶來一個副作用，掃描進電腦的最終樣張，偶爾看起來像是修圖粗糙。實際上，可能只是紙張的雜質顆粒，或者偷吃時濺上的乾麵醬汁。

給作品策展的時候，小肉連道具裝置擺放差幾釐米，都要親自叮囑修正。施工的師傅向她催促進度，主辦方偶爾也勸她得過且過，她說：「這個展是要給我的朋友和讀者看的，怎麼可以馬虎。」如果這樣聽著覺得做作，那是因為你沒見到她說這話時堅毅的眼神。

現在流行的手繪和藝術普及，或者是學文人畫做拙，或者是借流行語取巧。但小肉給我的印象一直是「沒關係，我也不貪多，我也不焦急」。這種姿態，就像她畫過的一張人民幣主題的畫。那張畫裡，她對人民幣說：「你是有價值的。我是離不開你的。但你是早晚要走的。」

§

畢業之後，小肉短暫工作過，然後就是數年的自由職業生涯。她給自己的定位，「不是設計師，也不是插畫師」。我和她說笑，但她笑過之後，還是堅持叫自己「圖文人」，繪圖的、配字的人，「我所做的一切，都是為了認識自己」。

對每個創作者來說，展示出來的總是階段性的結果，過程中的掙扎和搖擺卻無處也無從訴說。猶豫、彷徨、自我懷疑，都要慢慢等、慢慢熬。北島說過：「寫詩寫久了，和語言的關係會相當緊張，就像琴弦越擰越緊，一斷，詩人就瘋了。」於是，繃得緊了，得鬆一鬆。一旦衰弛，又要加緊趕路。

人生或許就是一場打怪的螺旋，過了最初的關卡，在更高的層面上，我們試圖解決的，還是基本的問題：對自己的認知有多真切，對外部的體悟也就有多深刻。而認識自己，是追逐，也是迴避；是拿起，也是放下。不同的際遇裡，哪一個選擇，都不會容易。

小肉也經歷過不少艱難。但在外人面前，她總是滿臉笑容，自由自在。開個玩笑，這是「把我的悲傷留給自己，你的美麗讓你帶走」。可說實在的，當她蹚過幽暗的歲月，會化身燭火，閃耀更溫暖的光亮，渡一渡後來人。這是我最欽佩她的地方。

在我第一本書的致謝裡，我寫了這樣一段：「感謝周小肉精心繪製的封面和內頁插畫。如果世上有天賜一說，她那些奇思妙想在純淨的心靈上綻放，即是寫照。因為她的才情，這本書或許更耐得住時間的沖刷。」

如今，我想把這句話再延展開。在她身上，我看到了同齡人怎樣輕盈地同自我搏鬥，又怎樣平靜地與世界和解。**而最好的人和事，都有一個共性：從他們身上，你能望見自己的成長。**

去他的人生贏家

大陸綜藝節目《奇葩大會》裡，堅信「食物拯救不開心」的作家蔡要要特別討人喜歡。

二〇一三年，蔡要要檢查出了癌症。治療過程中，最令她痛苦的不是藥物，而是忌口。身為一個湖南人，不能吃烤大腰子，也不能吃麻辣火鍋。她說，這種吃不到美食的怨念，讓她撐過了癌症康復的困難時期。

因為吃得特清淡，需要補充多巴胺，她就去談戀愛。如今的先生在網上看了大量文章，忍不住發了「一條特別感人的私信」給她，上面只寫了兩個字，「約嗎」。

約的時候正是化療期間，蔡要要的頭髮還沒長出來，戴了一頂假髮前去。情到濃時，吻得如癡如醉地動山搖，她的假髮歪了。按說常人的反應是驚恐或者笑場，可先生卻扶正假髮，繼續親吻。後來，先生和蔡要要說：「你不要再戴假髮了，很熱，而且看起來真的特別難受，你光頭的樣子也特別美。」

蔡要要說，她的故事就是這麼簡單，一個普通人，有很不走運的時候，比如罹癌；走運的時候，就碰上了一個很愛她的人，還有了一個健康的寶寶。

看到這一節，我問自己，對蔡要要的好感究竟有多少是同情病患，又有多少是出自本人。最後的答案是，她身上那種稀罕的簡單和天真，才是真正動人的部分。

§

蔡要要讓我想到最近和朋友討論的話題。

在這個一九八八年出生就算中年女子的時代，我們年近三十歲的老男人不能免俗地步入了上有老下有小的「中年危機」。很多升級當了爸媽的同學，都以一種「老來得子」的心態，去寵溺尚不更事的幼兒。

其中有一個朋友，平時就是那種分得很清楚的人，不會佔你便宜，也絕不會讓自己吃虧。有了孩子之後，他的計算功力就在步步驚心的育兒路上展露無遺。

比如孩子才一歲，就把剛裝修完正在自住的四十多坪房子標售，去換一個優質學區的二十坪出頭老舊兩房屋子。

《中國詩詞大會》節目紅了，他又開始未雨綢繆地搜集復旦附中的古詩文教材，哪怕孩子眼下只會叫媽媽和爸爸。我們問他，你是不是也太著急了。他截圖給我們看，

「有備無患，某寶上的武亦姝（編註：參加該節目的參賽者）同款教材都賣空了！」

看他的微信朋友圈，整天都是《顫抖吧，上海人！大數據預示史上最慘烈的幼升小大戰》。說實話，對我們這種從小受到類似恐嚇的人而言，早已「慘烈」到麻木了。但「大數據」背後暗示的刺刀見紅、捉對廝殺，卻讓擔心孩子輸在起跑線上的家長們感受到無比焦慮和恐懼。

我們其實特別想問他，這種近乎癲狂的執拗，真的是你自己想要的生活，還是因為這個社會，或者身邊的人強加給你的那套標準？

但我們沒資格問。某種程度上，我們也相差無幾：讀書要高學歷，工作要五百強，嫁人要有車有房還得捧在手掌，養兒育女也想上私立學校等長大留洋……如果能取得世俗意義上的成功，一切都好說。畢竟，人生贏家的光環得有多麼耀眼，尤其是人與人離得如此之近、下意識都是對比的情況下。

§

人生贏家當然是非常厲害且值得羨慕的。但蔡要要就像是一個特別重要的提醒，她用親身經歷證明：**人生不是只有贏家這一條路。能夠率性自然地生活，哪怕平凡無奇，甚至還有點慘，都不妨礙充實而豐盈。**

放棄出人頭地、與眾不同，絕不是羞於啟齒或者值得深惡痛絕的事。恰恰相反，能在平凡的人生裡領略情感的湧動，開出幸福的花朵，同樣是一種能力。

有一部熱播的美劇叫《我們這一天》（*This Is Us*）。朋友推薦的時候，只說了一句評語：美劇版《請回答一九八八》。

四個普通人，同一天生日。三十六歲生日這天，傑克的老婆身懷六甲，肚中的三胞胎已經迫不及待；也是三十六歲生日，小有名氣的肥皂劇演員凱文受夠了爛透的劇本和低俗的套路；他的妹妹凱特已經當了三十六年的大胖妞；事業家庭雙豐收的黑人藍道，三十六年後找到了自己的生父。

普通人的生活漸漸展開：凱文在舞臺上爆發當場辭職不幹，凱特在減肥互助會上邂逅一個大胖暖男，藍道去找生父。還有傑克，他因為三胞胎馬上降生而忐忑不安，而最終第三個孩子不幸胎死腹中，沒能圓滿。

這就是生活。有情不自禁的笑，也有不能自已的哭。當傑克還沉浸在失去孩子的痛苦中，鏡頭推遠，第三個黑人嬰兒出現，神轉折到來——原來，這一幕發生在三十六年前，傑克痛失一個親生孩子，卻領養了一個黑人棄嬰——藍道。

那位接生的醫生對傑克說：「把生活贈與你最酸澀的一顆檸檬，釀成一杯甜美的檸檬汁。」

如此淡泊，卻又如此動人。就像我們喜歡楊德昌，喜歡是枝裕和，喜歡小津安二郎一樣，那些寧靜無波的生活表像之下，其實蘊藏著絕不普通的力量和情感。這些東西，未必就輸給特立獨行的姿態和體面光鮮的境遇。

我喜歡〈給你一些不給一些〉，其中一段這樣唱：「生命它給你一些不給一些，這些那些自己才是考驗。你在念著天邊那座花園，我願笑對眼前的蓮。」

對我們來說，比起別人的要求和眼光，更重要的是找到屬於自己的、普通人的英雄主義。去他的人生贏家，我只想在我平凡的人生裡開出幸福的花。

Part 5

只有無趣的人，才把有趣當春藥

膚淺的快樂容易得到，同樣也容易失去。
有質感的生命，應該為更深沉的會心所打動。
真正的有趣，不是嘩眾取寵，不求短暫歡愉，
而是在平淡無奇的生命中
發現意想不到的溫柔。

人的成熟，從忘記公平開始

瀏覽「知乎」（編註：中國大陸知名社交問答網站）的時候，一度對兩個問題印象頗深。其中一個問說：「你在『知乎』上見過的最不公平的事是什麼？」有高票答案這樣寫：「最大的不公就是靠晒照吸關注、吸贊同。」話鋒有所指，但在我看來，答主略有些苛刻。

如果用心努力地讀書、求職、打拚，是多數人的奮鬥模式，擁有過人的容貌是天賦，精緻地打扮、展示，也算不上捷徑。

不主流，未必不合理。

關於他人的歡笑與痛苦，我們時常輕率地界定，並任由成見滋衍，到最後，也分不清是為厭惡而抨擊，還是為批評而嫌棄。

生而為人，都是冷暖自知。

§

另一個問題是更具體的經歷，探討的也是關於社會階層的永恆爭論。題主一歲就來到上海，一直讀到初三，成績始終是年級前十名，「初三按我的成績進上海四大高中沒問題。」可是，因為戶籍問題，無法在上海的高中入學，於是被迫回到江蘇讀高中，「由於上海和江蘇教育理念不太一樣，回去後直接變成年級倒數。」

題主是念書的材料，也很用功，三年後，又考上了江蘇省的一所頂尖大學。又是四年過去，畢業之際，他拿到了一份十萬人民幣年薪的工作，地點在上海。「我的父母都以我為榮，我也很自豪能改變家族的命運，從此不用被人嘲笑被人鄙視，不用像父母一樣每天凌晨五點起床去搶攤位糊口，不用忍受一家人擠在兩坪大的棚戶區。」

然而，有一天，題主的初中同學將他拉進了初中同學群組，他這才發現，「當初那些上海本地同學大都高中就出國了。一部分大學出國的，而留在國內的，父輩也大都給買了房」。結論是「我算是我們班混得很差的一個」。

不止家境有差別，「和他們敘舊，我發現七年的時間早已拉開了我和中產階級家庭子女的差距。他們的談吐、氣質、視野都不是我能比的。當我在老家挑燈夜戰備戰高考時，我的同學早已在美國交換生家庭感受國際視野。我本以為我已足夠優秀，可沒想到，差距依舊如此之大。」

為此，題主問說：「努力了七年卻依舊被中產階級家庭子女完爆，應該如何調整心態？」

道理總是好講：**人生是場馬拉松，沒必要當成百米衝刺。人生的意義在超越自己，不用反覆關注別人。**但我也知道，和題主有相同困惑的，一定不在少數。

不知不覺之間，「成功」已經是四海皆同的指標，而從小的教育則不斷明示暗示：不夠成功，只因不夠努力。

可很多事情，個體再努力，能改變的也很少。拿題主的例子來說，出生地和教育政策，無力影響；階級導致的收入和眼界差距，更是難以企及。如此勤勉，卻終遭「完爆」，意難平也不難理解。

很自然地，免不了要問一聲：為什麼如此不公平？

§

我不知道，在為公平鼓呼的同時，多少人認真思考過公平是什麼。其實，作為一種先驗真理的公平，從來不曾存在。而人告別幼稚的一大標誌，就是放棄對此類公平的執念。

為了具象的目標而奮鬥，譬如學歷、職業、收入、地位，固然勵志，卻註定是遙迢長路。若是加上沿途的左顧右盼，要在較量中尋找優越感，就更顯得荊棘密布。茫茫人海，佔據一席之地已如此艱辛，硬要一片出頭天，更是難上加難。

相應地，為自己的努力卻悠然很多。明白自己的欲望、貪圖，也知曉自己的瓶頸、弱點，規劃方向、設定目標，就更加切己，也更加從容。假如每個節點都少不了橫向比照，缺乏時間線上的規制與綢繆，必然因急躁而焦慮。

我很喜歡《世說新語》裡的一則。桓溫年輕時與殷浩齊名，心裡卻始終不太服氣。有一回，桓溫逮著機會問殷浩：「卿何如我？」面對桓溫的挑釁，殷浩氣定神閒地回答：「我與我周旋久，寧作我。」

對所有唏噓命運不公的人來說，不妨先放寬審視的心態，從時刻與旁人比較的狀態裡解脫出來，學會與自我的周旋。

積極點說，參差多態乃是幸福的本源，人生一世，最快樂的就是既見容於社會，又忠於自己。而率性一點，聽作家王朔的，什麼成功，不就是賺點錢，被傻逼們知道。

說到底，在各自的跑道上，真正的公平是，每個人每天都只有二十四小時。與其為公平與否躊躇神傷，不如將目光投向未來。決定自己十年之後面貌的，並非客觀的物化條件，而是此時此地的格局。

很多人愛援引詩人穆旦的〈冥想〉，其中一句「這才知道我的全部努力，不過完成了普通的生活」，簡直像為牢騷與憤懣量身定制。

可這首詩有著更完整的版本：

把生命的突泉捧在我手裡，
我只覺得它來得新鮮，
是濃烈的酒，清新的泡沫，
注入我的奔波、勞作、冒險。
彷彿前人從未經臨的園地
就要展現在我的面前。
但如今，突然面對著墳墓，
我冷眼向過去稍稍回顧，
只見它曲折灌溉的悲喜
都消失在一片亙古的荒漠，
這才知道我的全部努力
不過完成了普通的生活。

未見生命的突泉，就為生活的「普通」而傷懷，分明還年輕，便抱持回望人生的暮態，未免折損了穆旦詩裡的英雄與壯闊。**而世上只有一種英雄主義，就是在認清生**

活真相之後，依然熱愛生活。這是羅曼．羅蘭（Romain Rolland）說的。

公平當然值得追求。但對大多數人而言，在追求的過程中，對公平的感知往往會逐漸次要，直至渾然未覺。在強大內心的修行路上，這或許是莫大的幸事。

世上的事，只有「關你屁事」和「關我屁事」嗎？

不少人問我，寫作給你帶來哪些明顯的改變？

我仔細想了想，除了久坐帶來的過勞肥和腰椎問題，想必就是磨練出了強大的心理承受能力。不挨點口水，哪裡好意思說自己是寫字的人。

每篇文章寫罷，不管持何種觀點，總有反對者跳出來。禮貌斯文一點的，指責我有「眾人皆醉你獨醒」的優越感，動輒秀出道德和智商的上限。真是冤枉，以我的資歷和見解，哪裡摸得到上限，是你站在地下十八層好嗎？

可能是聽到了我內心的牢騷，有些「直率」的粉絲往往用問候祖宗十八代的實際行動告訴我，十八層以下還有更廣闊的天地。

在「鍵盤俠」、「嘴炮黨」的種種口誅筆伐之中，最頻繁的心聲，可以用四個字概括：關你屁事。

甚至還有人說，世界上一切問題，都能用「關你屁事」和「關我屁事」來回答。

除了對屁在生活中所佔比例之高充滿敬意，我想由衷地問一聲：生活對你做了什麼，讓你變得如此狹隘？

§

一個真實發生的例子。之前的一場名人婚禮上，鬧出過不小的風波。伴郎團集體鬧伴娘，試圖把伴娘扔水池裡。伴娘明明已經在喊「救命」，新郎和伴郎卻並未停手。事件一出，大量的聲音都在指責鬧婚禮中的「陋習」。

但有一位同學是這樣回覆的：「人家有low的自由。干涉別人的自由豈不是法西斯的做法！大家都覺得不對的事情，自律即可。干涉別人，進而上升到道德高度毫無必要。」

槽點太多恕不一一吐過，挑最核心的說。按這位同學的觀點，他強任他強，清風拂山岡；他low由他low，閒事莫幫忙。別人再怎麼low，關你屁事？「大家覺得不對的事情，自律即可。」

聽起來好像有點道理。王小波的金句不是說「人的一切痛苦，本質上都是對自己的無能的憤怒」嗎？孟子他老人家不是還勸誡世人「行有不得，反求諸己」嗎？

可是等一下，兩位大師的姿態可不是「關你屁事」，而是「從我做起」，是修身，是慎獨。他們可沒有禁足在小黑屋裡，隻字不語、片文不述。

「關你屁事」隱藏了「你」和「我」的區隔，背後的潛臺詞是，每個人顧好自己就可以了。

你確定不是在逗我？

房市復甦，滿街都是仲介，往信箱裡塞廣告，往行人手裡遞傳單，甚至在地鐵裡還一張張往坐著的乘客懷裡扔。這是他們的自由，他們在做自己，可難道不是對他人的干擾？

新郎和伴郎在未經伴娘同意的情況下又要抱又要扔的，這叫「有 low 的自由」？那伴娘免於恐懼的自由到哪裡去了，給做成甜品吃了嗎？

我不太明白的是，哪怕不諳世事的小學生，也有抽象的、造福他人的美好願望。可活著活著，一部分人對自由的理解，竟然退化成「我想做什麼就做什麼」。分明就是自私，還拿自由做幌子，稍有批評，就義正詞嚴地拿「關你屁事」回應。

你這麼厲害，怎麼不上天呢？

§

從來沒有一種自由是無須代價的，太多嚷嚷「放縱不羈愛自由」的人，只做到了

前兩個字。

嚴復當年把約翰．彌爾（John Stuart Mill）的《論自由》（On Liberty），意譯成《群己權界論》，是特別有效的界定：所謂群，指公共領域的問題；而「己」，則關乎私人。只有在絕對私人的領域，譬如個體的婚戀取捨、職業訴求、生活方式等等，「關你屁事」才站得住腳。而這些一旦進入「公共領域」，某人的自由就不能無故僭越或取代其他人的自由。

即便在公認自由度頗高的美國，作為 freedom 的自由讓人盡情歌唱，作為 liberty 的自由，卻是一部漫長而痛苦的鬥爭史。

曾經啟發過馬丁．路德．金恩（Martin Luther King, Jr）的蘭斯頓．休斯（Langston Hughs），寫過一首知名的詩：

有些字像自由（freedom）
說出來甜蜜動聽美妙無雙
在我心弦的深處
自由無時不在盡情地歌唱

有些字像自由（liberty）
它們卻使我忍不住哭泣哀傷
假如你知道我所經歷的一切
你就會懂得我為何如此悲傷

埃裡克・方納（Eric Foner）那本厚重的《美國自由的故事》（The Story of American Freedom），就像是這首詩豐富而真實的註腳。如果有機會通讀一遍，就不會再把「人家有 low 的自由」或者「關你屁事」這種傻話掛在嘴邊。不然，魯迅先生當年寫「無窮的遠方，無數的人們，都和我有關」，究竟是恢廓的襟懷，還是世上最多事的閒漢？

希望享有做一切想做之事的自由，對外界的所有指責和干擾都嗤之以鼻，反過來把合理的建議和適當的針砭全部視作多管閒事，只會讓格局更狹隘，心境更偏頗。

「關你屁事」也許只是掩蓋責任、迴避問題的「擋箭牌」，是怯懦與幼稚的遮羞布。與其抱怨別人老是站在道德和理想的高處，不如低頭看看腳下：盆地的瓜都快熟透了，趕緊挪挪窩吧。

卸下偽裝，你才是真正的自己

上海人管誇耀叫「豁胖」。按說這麼油膩的畫面，在崇尚健康的時代裡早該過時，可炫耀這種病，或許就和撒謊一樣，難戒，上癮。

認識的人稍多一些，難免混進花式怒刷存在感的。從天地玄黃到宇宙洪荒，沒有他不知道的事，沒有他不認識的人。說起圈內某個名人，「哦他啊，我不能再熟了，一起打過高爾夫。」聊到業內某件奇事，「嗨就這事兒，兩年前不就有過嗎？」類似的話聽多了，我總忍不住抬頭望天，唯恐一道驚雷霹靂而下，直指我們這一桌。

之前看過一篇文章，講到有些「多情人」，錯把平臺的資源，當成自己的本事。微信的朋友圈裡著急忙慌晒人脈，哪個大咖我有聯繫方式，哪位元老和我共進晚餐。採訪上市公司執行總裁或者銀行首席經濟學家，一張合影還分早中晚不同時段發。在公關公司工作，做完一張網紅聯繫方式的列表，就感覺「一表在手，天下我有」。可真要問他們要點什麼，不是支支吾吾的「嗯、哦、啊」，就是「好啊小事一椿，沒問題！」然後再無下文。

其實，不只是平臺或者人脈，常常掛在嘴邊的「英勇事蹟」和「風雲往昔」，每每用以吹噓的天賜稟賦和精熟技藝，都像一件件衣服。在有一分按十分說的年代裡，只有脫光衣服，我們才是真正的自己。

§

我喜歡三五好友的小酌，厭惡成群結隊的交際。尤其是一些大規模的同學聚會，曾經同一屋簷下的同窗，畢業之後各奔東西，走上截然不同的人生道路，重逢本應共敘舊情，卻往往會變味，成為另類的秀場。

聚會的組織者常常正沐浴在人生的春風裡。菜過五味之後，就想著法子顯示優越感。有時酒酣耳熱，互拉關係，開口閉口張總如何如何，王總怎樣怎樣，儼然就是鮮衣怒馬的生意場。而不願自陳的「普通人」，會縮在角落裡，小範圍交頭接耳，甚至沉默不語。如是數次，對這類聚會，難免敬而遠之。

同學少年多不賤，當然叫人欣喜。但相比「張總現在家大業大，有機會一定多介紹幾筆生意給小弟」，我理想中的聚會場景更應該是「你啊滾那麼遠，怎麼現在才死回來」。畢業的時候，打著赤膊喝著酒，又哭又笑像一群傻子。恍惚幾年，穿上了偽裝，變得不再是曾經的自己。

我曾在體制內單位工作，對內對外，會接觸不少年長的資深同事。最害怕的時刻之一，就是有這樣的資深同事拉著你的手，憶往昔崢嶸歲月稠。他們嘴裡永遠是那幾個名字，身上不過這幾個勳章，顛來倒去，編織成密集的話語，連故事的細節，都聽出了老繭。

有時候順著他們的故事，提幾個後輩的名字，他們馬上會接話說：「這個人我太熟了！當年在我手下的時候，還是個小毛孩，現在到這個位置，連話都不跟我說幾句了。」「是他啊！我以前行走江湖，他還不知道在幹嘛呢。」

說實話，此情此景，與其說是聒噪，不如說是可憐。暮氣重重的他們，已經嚇得不敢直面自己的老去，緊緊抓住最後的衣衫，唯恐暴露蒼老的證據。但在年輕人眼裡，這樣的行為，更多像是警醒：誰都會老的，當我們老了，希望更瀟灑一點，不這麼瞻前顧後又進退失據，不這麼自怨自艾還自詡傳奇。

§

人要解剖自己，其實是最難的。誰都想呈現鮮活的一面，可有光芒，就會有陰影。與其死拽著平臺、人脈、功績，不如向前看，想想如何讓未來變得有趣味、有溫

度、有意義。

我相信，再多知遇提攜，最終的每一步，靠的還是自己。也只有直面自己，才能更合理地處理與他人的關係，同舟共濟，而不是求告涕泣。

高陽是深諳人心的小說家。在他寫過的人裡，我最記得胡雪巖。早年，胡雪巖深受王有齡的照顧，發跡之後，又時時為王有齡反哺。「紅頂商人」的生意經，用書裡的話說，「花花轎子人抬人」，好像很符合當今資源資產互利互惠的主流。

可如果認真看，轎子是胡雪巖備著，人是胡雪巖抬著，他識人、用人，卻從未將命運委身於人。早期的起勢，從來只因為能夠拋捨種種外在的衣服，逼視真正的自己。

之於我們也是一樣。**繁華急過眼，片葉不沾衣。總被雨打風吹去，退潮之後，才知道誰在裸泳。與其遮遮掩掩地撩撥，不如坦坦蕩蕩地閃耀。什麼時候我們敢把衣服拋開，離綻放光芒就更近一點。**

只有無趣的人，才把有趣當春藥吧！

有一陣子，朋友圈都在轉作家咪蒙的文章〈有趣，才是一輩子的春藥〉。

咪蒙闡述了立論的前提：「對我來說，有趣才是判斷萬事萬物的最高標準。」我舉雙手雙腳支持。可看著看著，畫風突然急轉直下。

咪蒙拿自己寫公眾號、學插畫、跳街舞當例子，證明「我做一件事，只能是因為我喜歡」。以此推出的結論是「做事，有趣比賺錢更重要」。

這裡邊的邏輯是不通的：有樂趣不等於有趣。對一件事情熱愛，深感樂趣，只要自己認定就可以。但是否有趣，很大程度上取決於他人的評價。自以為有趣，其實很無聊的人，我們見得還少嗎？

真正有趣的不是例子，而是咪蒙的筆法。她透過非凡的寫作技巧和情緒調動能力，把最普通的事情嵌套在預設的框架裡，明示暗示地告訴你，有趣最高，有趣至上。這才是厲害的地方。

但凡少思考一點，就會對這樣的論調欣然接受：因為顏值和財富是困難的，而有趣，尤其咪蒙文章裡描述的「有趣」，相對容易。**人性慵懶，多數時候，總是傾向於用最簡單的方式，長久地駐留在自己的舒適區。**

但有趣哪裡是那麼簡單。

§

我一直想做個有趣的人。

以前寫文章，總是要聰明、甩段子，甚至為此沾沾自喜。後來漸漸明白，是我混淆了好玩和有趣，誤把刻薄當作了幽默。**刻薄一時爽，幽默應該是有餘溫的。**如果好玩算一種特質，有趣則是一種美德。

看是枝裕和導演的《海街日記》，都是再平常不過的庸常瑣碎，卻一點都不沉悶。同父異母的四姐妹，成長於非常態的家庭，背負了各自的陰影和執念，承受著倫理困境的壓力，竟然活得如此有滋有味。

尤其是坐船到波心去看煙火，從自家栽種的梅子樹上摘果子釀酒，或者在門框上刻下年歲和身高，都是很動人的浪漫。鎌倉的風景那麼清新，長澤雅美和綾瀨遙那麼美，飾演小妹的廣瀨鈴也兼具英氣和嫵媚。明明有說不盡的苦衷，流露出的卻是掩飾不住的美好。

我相信，是枝裕和是個有趣的人。因為他理解生活的真相，並且能用明媚的方式表達出來。

我喜歡王小波。看他寫王二和陳清揚、李衛公和虯髯客、紅拂夜奔和紅線盜盒，感受到汪洋恣肆的想像。然後我猜測，平時的他是什麼樣子？是皓首窮經、檢索故事的種子，還是搜腸刮肚、醞釀情緒的噴湧？是一個呆滯木訥的書蠹，還是伶牙俐齒的才子？

後來讀到王小波夫婦的書信集《愛你就像愛生命》，裡邊寫：「靜下來想你，覺得一切都美好得不可思議，以前我不知道愛情這麼美好，愛到深處這麼美好。真不想讓任何人來管我們。誰也管不著，和誰都無關。告訴你，一想到你，我這張醜臉就泛起微笑。」

我忽然就懂了。可能他的有趣，都是從這樣的脈脈柔情裡滋衍的。每一句「你好哇，李銀河」所引出的，都是最平凡又最深刻的體會。因為經歷人皆有之，所以平凡，因為感悟獨具特色，所以深刻。

關心繪本的話，也許會知道麗池·克萊姆（Liz Climo）這個人。除了為《辛普森家庭》製作過動畫，她還有一本暢銷書《麗池的異想世界》（The Little World of Liz

Climo）。

書裡呆呆萌萌的動物，都是最日常不過的狀態，可營造的笑點背後，卻能看見作者的童真和巧思。克萊姆和我們生活在同一個世界，呈現的東西卻迥然有別。她的繪畫，是心靈的入口，傳遞著趣味，而趣味背後，很明顯是溫暖。

§

現實很容易令人苦悶。枯燥和無聊，常常讓我們抱怨不止，因此，我們會試圖去尋求一些轉瞬即逝的刺激。比如看看段子、聽聽吐槽，在笑聲裡，煩惱就拋到九霄雲外了。這無可厚非，也是很有效的解壓方式。但我也在想，是不是可以更好？面對並不輕鬆的日子，我們有沒有選擇有趣的權利？有沒有為了變得有趣而不懈努力？

膚淺的快樂容易得到，同樣也容易失去。**有質感的生命，應該為更深沉的會心所打動。真正的有趣，不是嘩眾取寵，不求短暫歡愉，而是在平淡無奇的生命中發現意想不到的溫柔。**

我很鍾情馬一浮先生的一句詩：「已識乾坤大，猶憐草木青。」我們都是普通人，用一輩子的時間，也未必能看遍浩渺天地。可一想到雨後的街道，聞到初夏撲鼻的青草香氣，在某個瞬間聽到擊中內心的歌聲，還是會覺得，生活有趣而美好。

有一次，我在上海的街頭遇見一對頭髮花白的老夫妻，手牽著手，還各拿一個冰淇淋，你餵我一口，我餵你一口。不管別人怎麼看，他們的臉上洋溢幸福的笑容。

當時我就在想，他們好有趣，也好溫柔。等我老了，也要做這樣「沒羞沒臊」的老人家。

§

這些美好的人和事催促我思考，有趣究竟是怎樣一回事。

或許，有趣首先是分寸感。同樣的方式，針對不同的人，會有截然相反的效果。你要開玩笑、喜歡吐槽，對什麼都不在乎或者大尺度的人，可以話糙痞氣重，說不定還會贏得真性情的誇獎，可對保守謹慎的人來說，也許就是冒犯。

你要秀恩愛，如果自黑一下，可能會引來多方調戲，順便誇一句，你真好玩。可但凡失當，難免就挨人說一句：「拿肉麻當有趣。」所以，哪怕從技巧層面來說，有趣也是一種長久的修煉。

有趣還是一種溫度。很多時候，我們完全混淆了好玩和有趣。除了前面提到的是枝裕和，看山田洋次的《家人真命苦》，甚至小津安二郎的電影，也是相似的體驗。楊德昌的電影很少講怪力亂神的稀奇事，可明明是家長裡短，看起來卻半點不覺得疲德。這也是溫度在起作用。

有趣不只是爽快的笑聲，也是沉潛的追求。膚淺的快樂容易得到，也容易失去，有質感的生命，應該為更深切的會心所打動。

最重要的是，有趣建立在獨立和自由的基礎上。沒有智識做前提，沒有反思做輔助，再多的「有趣」，到最後只會通向更大的空虛。

因為你不知道自己要什麼，所以只能在圍觀別人的時刻嬉笑怒罵；因為你不知道為了什麼而生活，所以只能在茫然的時刻四處尋覓什麼好玩、什麼有趣。已經上路的人，是不必猶豫也無暇逡巡的。

§

《娛樂至死》（Amusing Ourselves to Death）一書裡，波茲曼（Neil Postman）講了一段話。比起《一九八四》，更令他擔心的是赫胥黎的《美麗新世界》所描繪的圖景：「人們感到痛苦的不是他們用笑聲代替了思考，而是他們不知道自己為什麼笑以及為什麼不再思考。」

真正有趣的人，懂分寸、有溫度，獨立而自由。大概只有無趣的人，才把有趣當春藥吧！一輩子靠春藥，還不明就裡地猛吃，就不怕馬上風嗎？

我們真的那麼痛恨潛規則嗎？

如果在一個人面前放一萬元，讓他做一件違心的事，他一定微微一笑很傾城地說：「走開。」如果把一萬換成一百萬，他可能要想個幾秒，腦海裡從義不食周粟的伯夷叔齊、富貴不能淫的蘇武，一路快閃到黃繼光、董存瑞、邱少雲，然後甩下一句：「我是錢就能買通的人嗎！」如果換成一億，別人不敢說，我的心裡肯定小鹿亂撞、無比動搖。

人心從來不是鐵板一塊，處境在變，利益在變，甚至心情在變，都可能影響一時一刻的決定。關於人性，我一向的觀點是，不必抱有過高的信心。

有網友向我訴說職場的委屈。在國營企業勤勤懇懇幹了五年，好不容易熬到一個升職機會。為了更有把握，他還預先打點了上司。提拔結果公示之後，他卻大跌眼鏡——一個年資更淺的同事勝出了。上司和他說，同事透過親戚搞定了更大的上司，自己也無能為力。在留言的末尾，這位讀者頗為不解地感慨：「為什麼社會上有那麼多潛規則呢？」

看到這裡，相信有不少人會對這種「五十步笑百步」發出槓鈴般的笑聲。可我倒是在想，乍看極端的個案背後，是否隱藏著更普遍的盲區：我們真的那麼痛恨「潛規則」嗎？

§

道德感爆表的人，會不假思索地回一句「當然」。導演或者製片人睡了哪個明星，這是以權謀私，有悖職業倫理；明星巴巴地盼著藉此上位，更是「無恥之尤」。商場上談合作，涉及回扣或者送禮，「怎麼可以呢，這可是背棄商業信條甚至違法的！」然而，做如此的判斷，對這類「潛規則」說不，實在太過容易，它們和大多數人本來也沒什麼關係。

可有些「潛規則」，我們非但不會視作洪水猛獸，很可能還渾然未覺。家人生病，輾轉託人找到大醫院，臨了塞個紅包，以便插個隊、買個安心，這算不算「潛規則」？兒女面臨入學，想方設法找關係，只為一張一字千金的入學通知，這又是哪條「明規則」上寫的？

「潛規則」也是規則的一部分，而任何規則，都是當事多方博弈的結果。如果「明規則」能夠確保最短時效、最大收益，「潛規則」便無處滋生。可現實是，「明規則」有法律的邊界，有道德的束縛，有多方角力帶來的消耗。為確保以最低的成本獲取最高的利益，「潛規則」總會有空間。

§

我做記者之初，申請了一個隨團出訪機會。可是在開具相關證明時，被單位的行政人員卡住了。拒絕通過的理由是，相關部門只有簡訊和電話確認，並未出具公文。末了，行政人員還加了一句說辭：「年輕人不要那麼隨便，媒體是紀律單位，外事無小事。」

我在那一刻明白，規則不是鐵板一塊。同一條規則，用在你身上，和用在別人身上，完全是不同的效果。在這個例子裡，行政人員利用對「明規則」的解釋權，製造了一條差別對待的「潛規則」。

同樣「外事無小事」，其他單位的年輕人就能夠通過，同單位的上司，也能暢行無阻，但作為本單位的年輕人，遇到這條因人而定的「潛規則」，只有吃癟的份兒。

我對這位行政人員沒有意見，也能理解照章辦事能夠免責。尤其時過境遷，回頭來看，她也許都沒想那麼多，只不過心理不平衡，或者索性是當天情緒不佳。但這件事提醒我，或許每個人離「潛規則」都不遠；要成為「潛規則」的締造者，也不是天方夜譚。

如果留心網路留言和評論，會發現有趣的現象：不少抱怨社會不公的，潛臺詞是不公導致的利益與他們無關；不少斥責房價炒作的，都在等著逢低進場的機會。呼籲的前提無比正確，而且值得追求，堂皇的冠冕底下，卻是飛速運轉的小算盤。這也就能夠解釋，成功學為何構成了暢銷書的明面，與之對應的暗影，則是厚黑法則。

當我們在討論道德抉擇的時候，往往會死扣上限，以標榜崇高和清白。可理想高蹈，要企及太困難，具體到問題裡，往往演變成一地雞毛。與其如此，倒不如一開始就從底線起步，確立不可逾越的「雷池」，再慢慢斡旋，謀求共識。

我不提倡「潛規則」，更反對以違法或背德的手段，達到徇私的目的。但談「潛規則」而色變，或者站上道德的制高點橫加指責，同樣不真實。至少，在表態之前，應該先弄明白，潛規則的本質是什麼，運轉邏輯又是如何。

曾經有人在「知乎」上提問，為什麼那麼多人仇視「潛規則」。我的回答是，**很少有人真正仇視「潛規則」，仇視的只是自己在規則中的排序。利益有限，而欲望無限。「潛規則」避無可避，唯有慎之又慎而已。**

缺少儀式感，註定要成為生活的囚徒

曾經看過一篇關於儀式感的文章，開頭引述了《小王子》的原文。

「狐狸讓小王子每天在相同的時間來看它。比如說，你下午四點鐘來，那麼從三點鐘起，我就開始感到幸福。時間越臨近，我就越感到幸福。到了四點鐘的時候，我就會坐立不安；我就會發現幸福的代價。但是，如果你隨便什麼時候來，我就不知道在什麼時候該準備好我的心情……應當有一定的儀式。」

一向軟萌的小王子追問，儀式是什麼。智計無雙的狐長蘇回答說：「這也是經常被遺忘的事情。它就是使某一天與其他日子不同，使某一時刻與其他時刻不同。」

我的主業是文字工作。很多人嚮往自由職業者的生活狀態，但真相是，自由職業者固然有更多時間可支配，自由度卻未必高。

譬如說，身為寫作者，每天要花幾個小時練筆。而寫作是對閱讀經驗的模仿，為防掏空，總要安排一些讀書觀影的節目。

假如還經營維護微信公眾號，和用戶之間的互動、社群的維繫在所難免。高強度的體力和腦力勞動，除了未必有所成，還可能伴有失眠、心悸、腰肌勞損、頸椎不適等症狀，因而，定時運動何止必要，簡直是續命的關鍵。再加上吃喝拉撒，一天差不多也就過完了。

上班族同樣如此，無非是將讀書寫字換成處理工作，循環往復而已。好不容易熬到週末，親子出遊、陪伴父母、朋友小聚，轉眼又是新的一週。這也是為何，很多人抱怨時光飛逝，好像什麼都沒做，轉瞬就已老去。

但換個角度看，一切都會不一樣。**無論王公貴胄，還是黎民黔首，每天都只有二十四小時，生活呈現出何種樣貌，完全取決於自己。若是多彩，只因自己豐饒；若是蒼白，只因自己貧瘠。**

而儀式感，往往是通向有趣和幸福的關鍵。

§

去國外旅行的時候，時常見到餐前禱告。在伊斯坦堡的旅店餐廳裡，我和一位六十多歲的美國老人聊起，他說，感恩的儀式必不可少，但更多的意義返照在自己身上。因為珍視這份恩賜，在最窘迫的日子裡，簞食瓢飲都能給他莫大的快樂。富庶之後，他還在禱告裡加入許願環節，有時是身體健康，有時是家庭美滿，有時甚至是世界和平。在不諳真相的外人看來，這些都是習以為常的老調重彈，可對於當事人，完全可以是妙趣橫生的儀式。

我有一位編輯，素性平和，每逢週末就要灑掃庭除、整理收納。要是親自下廚，還會配上雅致的餐具和文藝的桌布。起初我對她所謂的「儀式感」不屑一顧，還拿她尋開心：交給家政來做，省下這點時間，不知又能編完幾篇稿子。她卻回應說：「日常就是我的宗教。」

有很長一段時間，我不理解這句話。奔波與勞頓綿綿無期，不盡的稿債要還，大量的事情亟待處理，連喘息都顧不上，哪裡還會追求煩瑣的儀式？

後來自己學習做菜，才明白將日常過成儀式的價值：**以正經乃至莊重的心態去應對瑣碎的小事，會逐漸發現生活的美意。若是敷衍了事，則不免墮入越煩躁越難逃離的苦悶。**

§

有相似感受的人，想必不在少數。

工作之初，或許還有週末的消遣。約上三五好友，或運動，或遠足。哪怕懶在家裡，也是悠長的午後，泡一杯清茶，翻幾頁閒書。但結婚生子之後，計時工具便開始銜枚疾走，生活的狀態悄無聲息地改變了。

可能也是因此，日系的生活方式店鋪才如此打動人心。那種清簡的格調，以及具有儀式感的家居物件，像是一幅理想生活的圖景。彷彿這樣的裝點，不僅有助趣味的提升，更意味著難得的從容。

「生命是一襲華美的袍，爬滿了蝨子。」它不僅是種種甜蜜和滿足，也和庸碌、卑微、徒勞緊密相關。為了在忽明忽暗的基調裡留住暖意，儀式感就更顯得關鍵。

想明白這一點，也就理解，窗明几淨寄寓了美好生活的渴望，佳餚美饌蘊藏著和睦家庭的密碼。

§

瑞蒙．卡佛（Raymond Carver）有一篇短篇小說叫〈一件很小、很美的事〉（A Small, Good Thing）。他的資深粉絲、或許更為知名的村上春樹，沿用了這個名目，創造了一個流行詞彙——小確幸。

關於「小而確定的幸福」，村上舉過不少例子：買了剛出爐的麵包，站在廚房裡一邊切片，一邊偷吃；清晨，跳進一個沒有人也沒有波紋的游泳池，腳蹬池壁那一剎那的觸感；冬夜裡，一隻大貓懶洋洋地鑽進自己的被窩；在鰻魚店等餐的時間裡，獨自喝著啤酒、看著雜誌……凡此種種，可以用一句話來概括：「沒有小確幸的人生，不過是乾巴巴的沙漠罷了。」

小確幸是具體的東西嗎？恐怕不是。究其本質，它是一種生活場景中呈現的儀式感，以有趣、有愛之心去審視寡淡平凡的生活，最終挖掘到不為人知的喜悅。

在所有讓自己快樂的方式裡，儀式感或許是最質樸的一種。整理一下辦公桌、定期給家裡換幾束鮮花、週末學習一個新菜、每天整理信手扔下的衣物，這些頗具儀式感的行為乍看無聊，卻絕不是毫無必要的，它決定了我們只是庸碌地生存，還是踏實地生活。

缺少儀式感的生活不值一過。在那種枯燥的重複裡，我們註定要做生活的囚徒。

只有弱爆了的人才愛發脾氣

有學妹採訪我，提了一個大問題：「寫微信公眾號對你意味著什麼？」我半開玩笑地和她說：「挨罵。」

情動於衷的時刻，言辭少許激烈一點，就有人說你：「寫字的人都不能保持冷靜，能說出什麼好道理。」理性說事兒的場合，又有人嘲諷：「就你想得清楚活得明白。」跟一個熱點話題，會有人質疑：「什麼都寫，瞎湊什麼熱鬧？」選擇沉默，又會有人跳出來說：「這麼重要的事情你不說話，作為媒體的責任感呢？」

去年春節前夕，一個熱門話題叫「幫六小齡童上春晚」。我寫了篇文章，反對用跑到春晚總導演微博底下罵街來支持心中偶像，結果引火焚身。在微信的朋友圈裡，有網友嘲笑我：「暴民你也敢惹，倒大霉了吧。」還有網友支援我說：「忍住，別回覆，別說話。」

不是我不明白，這世界變化快。三十多年前，龍應台寫過一篇著名的文章——〈中國人，你為什麼不生氣〉。

在那篇文章裡，她批評中國人「怕事、自私、只要不殺到他床上去，他寧可閉著眼睛假寐」。她質問道：「你怎麼還有良心躲在角落裡做『沉默的大多數』？」身為關注公共事務的知識份子，龍應台有充分的立場去表達、去喚醒，大家也欽佩她的一以貫之。

可如今，中國人在線下或許還是「沉默的大多數」，網路平臺上卻無比活躍。其中很大一部分，還特別愛生氣。

聊國際政治，有一波熱血青年動輒殺伐決斷，恨不能黃沙百戰穿金甲，匹夫而為百世師；講教育醫療，又一波憤怒聲音凡事歸咎體制，哪怕自己毫不努力，也深覺理應得到公平甚至免費的優質資源。

漸漸地，生氣搖身一變，成了一種懶惰、一種托詞、一種擺爛方式：我發火了，我罵人了，我就無可指摘了，好像就擁有堅硬的外殼，能徹底包藏敏感易碎的內心。

這是如今這個時代，弱者最常見的處事方式。

§

可審視身邊，我們會發現，越是能善待自己、扶持他人的，往往越溫和；只有那

些不順不平的，才選擇憤怒。

中產很難富甲天下，但他們並不仇富；白領晉升長路漫漫，但他們很少去罵老闆；戀愛中人，有自己的小確幸，看到別人秀晒炫，也都是一笑而過。

真正一點就炸的「火藥桶」，往往是那些最弱的人。他們需要出口，來排解積壓的自卑；他們需要藉口，來撫慰潛藏的憤懣。甚至有時候，他們只是單純地需要遷怒，這是基於無能而建立的心理防衛機制。

但這些憤怒的人，很少會冷靜地想一想，當親近的家人看到他們網上的髒話，當熟識的朋友聽到他們日常的憤怒，當理性、勇敢、願意為了將來不懈打拚的正常人，看到他們捶胸頓足、咆哮跳腳，會和熱情、良心聯繫在一起嗎？他們看到的，一定是低智商，是無聊，是弱爆了。

今天的社會，仍然有很多自私和冷漠，也有很多亟待改善的地方，憤怒，依舊是進步的動力之一。但我們不需要無的放矢的憤怒，不需要詞不達意的憤怒，更不需要為了掩蓋自己的蠢、懶、惡，而刻意施加到無辜旁人身上的憤怒。

學妹問我：「你說寫作意味著挨罵，那你怎麼看待網路暴力？」

我回答她：「不會很介意，畢竟也都是些戾氣無處宣洩，又不知道如何與世界相處的可憐人。」

而我沒說出口的是：可憐之人，必有可恨之處。

§

事實上，我不只是反對無故發脾氣，在所有品格裡，最吸引我的就是溫和。很多人不解，溫和多無聊？凸顯不了個性，彰顯不出才華，泯然眾人，良莠不辨。可我卻堅持，溫和是極為重要的美德，今天這個浮躁的社會尤其如此。

在愛情裡，最頻繁的感慨之一就是：為什麼相處之初那麼美好，時間久了卻像變了一個人？

因為多數人會自覺不自覺地扮演自己的形象大使。當喜歡的人在場，幽默爽朗的人會拚命活躍氣氛，挽冷場於既倒，扶尷尬之將傾，只為強調「聰明是一種新的性感」。在意一個人，也常常體貼周到，甚至當著朋友的面刻意流露殷勤，心細如髮，溫暖如春。

可相處久了，關係定了，類似的閃耀時刻會趨於常態。誰都是悲喜交替，誰都有潮起潮落，當熱戀過渡到平淡，一旦不再懼怕展示真實的自我，很多人性的弱點就會不以為意地表現出來。

幽默有時會變成刻薄，細緻也常常被粗心所取代，前後一對比，矛盾就在所難免。所謂「你變了」、「你不愛我了」的爭吵，由此開始。

但如果是一個溫和的人，情況或許會變得不同。溫和的人更穩定。因為不急於突出自己，也就有更多的耐心去觀察；因為不奢求與眾不同，也就有更長的時間去交往。

溫和的人不會站在隊伍的前列、舞臺的中央，但無論他們在哪裡，面對誰，落差都不會太大，甚至還有漸入佳境的驚喜。

在網上一言不合就開罵，明顯是宣洩現實中積蓄已久的憤怒。還有一些人，說的話並非沒有道理，姿態卻永遠咄咄逼人，一副真理在握的模樣，得理不饒人。

只有成熟的人才懂得溫和之道，因為他們早已和外部的世界、內心的天地達成了和解。

同樣面對難解的問題，譬如階層上升通道的關閉，譬如房價物價高漲的壓力，溫和的人明白，幸福不是一種心想事成的圓滿，而是一種求仁得仁的選擇。不可能凡事都順著自己，但順逆貧富、喜樂悲欣，每一種滋味都坦然享受釋然面對。哪怕在最晦暗的環境裡，內心也有永不熄滅的光明。

在戾氣深重的環境裡，贏得溫和靠智識，守住溫和靠情緒智商。至於人生幸福，最終無關功名利祿，也無關紅塵變幻，只和內心的溫和有關。

把無知當有趣，人生依舊是貧瘠的荒野

《智族GQ》雜誌寫過一篇流傳甚廣的文章，是關於喊麥之王MC天佑。裡面有一段這樣這樣寫：「這種被概括為『縣城DJ音樂＋曳引機節奏＋大嗓門＋東北腔』的演唱風格，流行音樂界長期無視乃至鄙視。我聯繫了四位樂評人對喊麥發表看法，遭到一致拒絕。其中一位情緒激動地掛了電話：『對不起，我是一個正經嚴肅的樂評人，請尊重我的職業，謝謝。』」

我在「知乎」上撞見過類似的問題：「如何看待〈一人我飲酒醉〉這樣的歌曲？是怎樣的一種產物？」

有一位用戶回答說：「你們衣冠楚楚聽著巴哈，吃著牛排，畢業於各種一流頂尖大學，出入各類上流場合，我們這群在下流社會辛苦謀生的人生輸家連聽首歌都要被你們嫌棄嗎？跟你們呼吸同樣的空氣共用一片藍天真是愧疚，給你們本該湛藍的天空跟清新的空氣帶來汙染真的很抱歉～我沒聽過這首歌，並為每個反對這首歌的答案點了反對～我年輕時也渴望崇高，等年紀越大，越明白庸俗的意義，越覺得需要捍衛人庸俗的權利。一部人類歷史，從來沒有看到庸俗給人帶來過什麼惡果，只有庸俗給平民百姓帶來的歡樂。神聖與崇高倒是經常被盜用，給人帶來可怕的折磨與災難。」

當我們談論知識時，我們在談論什麼？或許，知識本身已經退居次席，躋身前臺的是我們的身分和姿態。

哪怕是人生輸家的身分和反智的姿態。

§

我年輕氣盛的時候，也曾經把無知當有趣。

跑到美術館裡，對著難以理解的裝置藝術嗤之以鼻，偶爾還吐槽幾句。看到超越經驗的作品，嘴上不說，心裡也常常犯嘀咕。

蒙德里安（Piet Cornelies Mondrian）不就是線條和格子嗎？

波洛克（Jackson Pollock）這樣把顏色往畫布上亂滴亂濺，也值幾億美元？畢卡索（Pablo Ruiz Picasso）的〈格爾尼卡〉牛頭馬面的，究竟是哪裡好？

杜象（Marcel Duchamp）把小便池送到展覽上，命名為〈噴泉〉，就算藝術了？

還好大師盛名，嚇得我不敢開口。當時的社交網路不甚發達，也沒機會暴露自己的淺薄。

這些年讀了一些藝術史，看到沿革的脈絡，品味創新的偉大，更是嚇出一身冷汗。萬幸沒有粗鄙魯莽到說出這一句：「凡是我看不懂的，都是裝逼。凡是我沒明白的，都是忽悠。」

§

一個有趣的現象是，關於自然科學及其延伸，歷來有公認的門檻。但關於藝術的知識，正在遭遇越來越多的「死鴨子嘴硬」。

解一道數學題，闡述一個物理現象，編一個電腦程式，會就是會，不會就是不會。再怎麼打腫臉充胖子，結果證明一切。

相較之下，藝術缺乏客觀標準，結論也只談美醜無關是非，因而催生出古怪的絕對唯心主義。經常會看到有人說，藝術又沒有一定之規，我覺得好就是好，我覺得不好就是不好。

從我識字到今天，大概也讀了幾千本書。越是往後讀，越感覺自己渺小。有時候甚至會驚醒，哪裡是我在讀書，而是博采先賢智慧，彙集新潮知識的書籍，在考驗我的成色。

我寫流行音樂，最大的惶恐也是樂理不甚了然，旋律部分不敢過多評論。哪怕再了解歌曲背後的故事，再能洞察創作之外的餘音，至多也只能說，我窮盡了自己想寫能寫的，卻難以窮盡歌曲本身的意義。

藝術之所以成為藝術，有知識，有標準。地基搭建之後，才輪到每個人登高望遠，在各異的角度，領略不同的風景。連路面都沒有見到的人，是沒有資格在藝術裡談「我」的。

§

為什麼有那麼多人，急於在並不熟悉的藝術領域發言？

恐怕是因為，相比學歷、階層這些顯性且難以企及的障礙，無須太多知識背景就能談論的藝術，是他們離平等最近的機會。這種幻象背後，折射的是身分的焦慮。

透過把所有對美好的追求歸為附庸風雅，透過把知識和經驗的高頻使用者列為假想敵，透過矮化藝術本身的價值，甚至透過一種自下而上的鄙視，他們實現了水深火熱的生存環境裡，僅有的可悲的自我安慰。當然，這裡的「他們」，並不針對具體階層，只是說放任懶惰還無知無畏的每個人。

「知乎」上那位「沒聽過這首歌，並為每個反對這首歌的答案點了反對」的朋友，需要的並不是藝術，而是情緒的出口。畢竟，藝術是沉潛往復從容含玩的艱辛過程，發洩則近乎生理本能，更快，更爽，更容易引起共鳴。

但沉浸在這種低級的趣味裡，或許就永遠錯失了求知和審美的深刻愉悅。如果缺少這些，縱然有再多的財富，再大的成功，人生依舊是貧瘠的荒野。

北京大學專攻電影研究的戴錦華老師，曾經參加過一次分享。現場有人提了一句，看不懂藝術電影。

戴老師說：「你看不懂就回去慚愧，回去學習。有什麼臉在這兒喊看不懂？你在說什麼，你在告訴全世界你的低能、弱智和愚蠢嗎？……關於我看不懂可以成為一個理直氣壯的否認藝術、否認思想的理由，這個歷史太久了，因為我們中國，我年輕的時候這是非常強有力的聲音，因為那個時候號稱說我們應該朝向受教育低的群體，讓他們看懂是非常重要的，今天不是這樣的社會了，為什麼高級、優雅的人還理直氣壯地說看不懂？」

我理解戴老師的憤怒。但我不確定，戴老師的憤怒在當下有沒有用。

Part 6
外面的世界很精彩

深諳生命本真的人，
不會縱容自己在日常的泥潭裡越陷越深。
再司空見慣的東西，
都要從中挖掘美好的部分。
因為他們懂得，
如果一生註定是漫長的拉鋸，
好好享受生活，才是最大的感恩。

人世間最美好的事，就是醒著還能做夢

每年國慶長假，我都會出國旅行。去年的目的地是美國，其中一站設在奧蘭多環球影城。

回國之後，做的第一件事不是開箱整理，不是報復性地吃中餐，而是在 Kindle 上買了全套《哈利波特》。

雖然身為一個快三十歲的老男人，羞於承認自己的晚熟晚慧，但環球影城讓我在這把年紀迷上了《哈利波特》。

我在影城裡喝到了奶油啤酒，差點吃到鼻屎味的豆子，在國王十字車站的九又四分之三月臺搭乘了霍格華茲特快車，然後繞過一個藏匿甚深的門洞，親眼看到了斜角巷，就和海格帶著哈利購買入校用品的那條巷子一模一樣。

魔杖店、糖果店、貓頭鷹郵局分列兩邊，道路盡頭的建築上有一條仰天咆哮的巨龍盤踞。走近一看，不就是傳說中的古靈閣銀行。

小說裡，古靈閣的保險櫃在倫敦地底幾百里深處。從這裡拾級而下，則是時而俯衝深淵、時而直入雲霄的３Ｄ遊樂設施。說實話，一點都不刺激，整個過程五分鐘，也就尖叫了三十多次而已。

更打動我的是，為了締造更逼真的魔法世界，每個工作人員都傾盡全力。賣糖果的帥哥穿著巫師袍向每個孩子微笑問好，介紹柏蒂全口味豆的時候，他們會擠出各種表情逗孩子一笑；賣魔杖的老爺爺端坐在櫃檯後，等孩子走近，就唸些小說裡的臺詞。鄧不利多是鄧不利多，天狼星是天狼星，分毫不差。哪怕是父母，也都對小朋友的想像極盡呵護，不會說些「這些有什麼好買的，都是假的」之類的話。

不僅好玩，而且有愛。

成熟是容易的，童真是困難的。離開奧蘭多那天，我在微信發了條朋友圈：「謝謝造夢的人，也謝謝把夢境具象的人。」矯情是有一點，但也是真的在主題樂園裡感受到了美好。

§

像J. K.羅琳這樣的造夢者，完成了從無到有的工作。小到會飛的汽車、能辨別學院的帽子，大到善惡輪轉是非對峙的巫師世界，一筆一筆勾勒呈現。而電影和主題樂園，則讓想像變得可見可感，觸手可及。

有時候想想，我們在現實裡扎得太深，無意中忽略了童心的動人。

無房無車，當然得趕緊奮鬥，童心多少錢一斤？孩子的教育、父母的醫療、漫長的求職歷程和坎坷的升遷道路，也註定了童心再次要不過。

但我們往往會忘記，現代人的一生，就像推石頭上山的薛西弗斯，感到焦慮，卻永無盡頭。

會見識人性的明暗難言，會懂得人生的無常幻滅，執念甚深到最後可能逃不過「好即是了，了即是好」，放縱懶惰又未必能免於「生年不滿百，常懷千歲憂」的宿命。渾渾噩噩，儼然就蹉跎一生；忙忙碌碌，到頭來又成了命運的局外人。

而童心是少有的解脫之道。它時時刻刻提醒我們，現實再堅硬，也包藏柔軟的部分；生命再辛苦，也蘊含快樂的可能。童心不是幼稚，不是裝瘋賣傻，不是事到臨頭的逃避，而是對苟且的反抗，是抵禦黑暗的光芒，是冰冷世界的溫暖堅守。

所以，不要再嘲笑童心的無用，也不要試著去「叫醒」相信夢境的人。成年人最大的問題之一，就是永遠覺得自己經歷過，所以孩子的事不過爾爾。因為這一點，我更欽佩那些造夢的人，他們為童心留下了永遠熱愛的土地。

如果有人問我，想要怎樣總結自己的一生，我會期待，抵達終點的那一刻，滄桑雖已慣看，童心躍動依然。

推己及人，我能想到最浪漫的事，就是保護世間所有關於童心的夢。

§

去年的烏鎮戲劇節，我受孟京輝導演之邀，參與烏鎮戲劇節觀察團。每天看戲、看人、看江南水鄉醒來又睡去，有難以言喻的會心和滿足。

戲劇節為白牆黑瓦的烏鎮點上了長明的燈火。在劇院漫步，在街頭遊走，不經意就能撞見腕兒、角兒（編註：皆指戲劇圈知名的演員）。

東道主黃磊忙碌又殷勤地出現在各個角落；賴聲川導演總是面帶熟悉的笑意；孟京輝導演興致高昂，時常抱著吉他，和演員嘉賓們一起唱歌；李立群老師戴著尖尖的絨線帽，看了不少戲；史航老師每天要換一套行頭，有時一身皂袍仙風道骨，有時黃衫布鞋像極了他微博自況的「鸚鵡」。

梅婷來了，陳數來了，不少肩負演出任務的知名演員脫下戲服，融入人群，吃一樣的飯，看一樣的戲，一同歡笑或者流淚，一同沉思或者鼓掌。戲劇節成了一個偌大的夢，無論是誰、什麼身分，都是光影變幻裡幸福的人。

戲劇節期間，街頭有大量即興表演。當暮色四合，三個外國表演者穿上黑色的服裝，背上支架，用手裡的機器人逗弄往來的遊客。小丑表演或者無聲的形體劇，也吸引了大量目光。

在烏鎮的街頭巷陌，會撞見不少學生或者新人的街頭表演。用苛刻的專業眼光來看，臺詞顯得淺近，唸白偶爾造作，結構、主題、表演也不無問題。但我看著演員凝重的神色和眼中的赤誠，無比感動。

用世俗的眼光來看，戲劇無用之至。它沒法解決物質的壓力，也無力紓解現實的困頓，甚至連丟了幾個案子、失了幾回戀這樣的小事，戲劇也未必能給予安慰。

但戲劇提供了一個港灣、一種想像、一個夢境，讓心向自由的人盡情徜徉。在戲劇裡，悲以關情、樂以忘憂，指向的都是最深切的生命刻度。真心熱愛戲劇的人，離苟且庸碌會遠一點。

§

那次看的戲裡，最喜歡林兆華導演的《戈多醫生或者六個人尋找第十八隻駱駝》。劇中五位精神病人假想自己是二十世紀蜚聲世界的劇作家——蕭伯納（George Bernard Shaw）、布萊希特（Bertolt Brecht）、皮蘭德羅（Luigi Pirandello）、尤內斯庫（Eugene Ionesco）和貝克特（Samuel Beckett），彼此之間的認同與攻訐，構成了一齣關於戲劇觀念和歷史本身的戲劇。

如此玄虛的題材，卻透過戲謔輕捷的方式來演繹，逗得全場觀眾前仰後合。再仔細回味，又能品出深意。或許，並不只是我們在看戲，戲也在檢閱我們每一個人。

散場時，已將近晚上十點，從戲院步行回酒店，瞥見隔壁劇場仍然排著入場的長隊。再回首，夜幕裡的大劇院，閃著迷離的光。

烏鎮要入眠了，戲夢卻還在繼續。

史航老師發了條微博，說得很妙：「所謂忘憂時光，就是忘記或者顧不得發微博的時光。這幾天我在烏鎮戲劇節，每天時間切得無限碎，成為甜蜜的碎屑。這一切，我知道，貓知道。烏鎮的貓知道，早早晚晚各種路人合影也可以證明。謝謝所有路上一起合影，舞臺下一起鼓掌的陌生人，以戲劇之名，我們還可以再膩六天。」

後來逛木心美術館，看到木心先生的一段話：「藝術的偉大，是一種無言的偉大，抵擋住百般褻瀆詛咒，保護著隨之而偉大的藝術家。博物館、音樂廳、畫廊、教堂，安靜如死，保存著生命。」

所謂忘憂，所謂無言，說的正是藝術的夢境。而人世間最美好的事，就是明明醒著，還像做著一個無盡的夢。

人生為什麼需要詩和遠方？

我們身處一個崇高備受嘲笑的年代。

「詩和遠方」一詞的始作俑者高曉松，在千萬次的申說之後，終於推出親自執筆，許巍演唱的〈生活不止眼前的苟且〉，轉瞬之間，社交網路上迎來了摧枯拉朽的轉傳。

情懷引爆之後，解構隨之而來。譬如「生活不止眼前的苟且，還有來日方長的坑爹」。譬如有網友把兩首歌嫁接在一起，這麼唱：「老張開車去東北，撞了，肇事司機要流氓，跑了，多虧一個東北人，送到醫院縫五針，好了。老張請他吃頓飯，喝得少了他不乾。他說……生活不止眼前的苟且，還有詩和遠方的田野。」

我的朋友圈裡，一個擅長吐槽的朋友也忍不住露一手，戲謔道：「生活不止眼前的苟且，房貸你不欠下三十年？你赤手空拳來到人世間，顛簸為了七十年使用權。」

詩和遠方，的確和眼前的現實形成了鮮明的對比，成了奮鬥者們的隱痛。貸款是高息的，住房得學區的，工資是可氣的，痛苦是無期的。彷彿告別校園，進入職場，無盡的壓力就滾滾而來。而外界的催逼，身邊的比照，內心的焦灼，也讓苟且顯得順理成章。畢竟，按千萬人引用的馬斯洛理論，誰不是先解決基本的需求層次，再往金字塔頂攀登？罔顧實際情況，盲目地追求詩和遠方，凌空蹈虛的結局，肯定不會太理想。可是，由此走向另一個極端，說著「生活哪裡來的遠方，眼前的苟且過去了，隨之而來的無非是新的苟且」，也並不是持平之論。

就像受過情傷的人最愛掛在嘴邊的「我不相信有愛情這回事」。相信與否，是個人取向，無法強求；可更多時刻，得不到的原因往往是我們最羞於承認的：能力不夠。不願相信，並不代表沒有。

§

遠方，其實離我們每個人都不遠。

二〇一四年的秋天，我在土耳其遊歷博斯普魯斯海峽。陰鬱的天空下，遊船乘風破浪，時而有成群的海鳥在身邊迴旋。沿岸是舊時皇宮貴族的府邸。土耳其作家帕慕克（Orhan Pamuk）講到伊斯坦堡，常用一個土耳其語彙「呼愁」來描述。在博斯普魯斯海峽穿行，感受至深的是時間永恆，你我在時間裡卻只是倏忽而逝。再怎麼看重自己，也不過是歷史和文明這幅巨型的縮時攝影作品中，偶然閃現的一個光點而已。

一年之後，我在瑞士因特拉肯，挑了一個晴天的傍晚，搭乘小站火車，前往清冷的小鎮萊西根。日落時分，寶藍色的圖恩湖平靜無波，對岸的山巒也蔥蔥鬱鬱，縱使無言，也有會心。寰宇之間，只有我和老婆大人兩個人，連分秒都彷彿停滯。

個中道理，高中早已學過：「自其變者而觀之，則天地曾不能以一瞬；自其不變者而觀之，則物與我皆無盡也。」但唯有親歷江上之清風、山間之明月，才真正體會到，造物者之無盡藏，而吾與子所共適，是怎樣的通達與恢廓。

我們活得離自己太近了。現實太忙碌，以致我們更害怕間歇裡的空虛；生活太苦悶，以致珍稀的快樂總顯得提心吊膽。和上司的糾纏、與同事的齟齬、跟家人的相處、同朋友的離合，每每不經意地放大自我。壓抑良久，是「我」委屈；夙願得償，是「我」興奮；無端受辱，是「我」憤怒；庸常度日，是「我」痛苦。

而行路，恰是打破我執的法門之一。

在羅浮宮、奧賽博物館和龐畢度中心，躺在畫冊裡的達文西、安格爾、德拉克洛瓦、梵谷、莫內、畢卡索們，忽然就透過原作與你無間交流。人類藝術與智慧的巔峰，矗立眼前，頓時就照見小我的局促。

登上策馬特的登山火車，再徒步去湖邊，眼前是馬特洪峰的壯美。當雲層撥開，狂風平息，倒影悄然顯現，除了錯愕，也有一層舒朗。人力可以撼動的奇觀很少，人生可以見證的奇蹟卻很多。

旅行是去遠方。而遠方的本質，是在有限的時空裡體驗精選的不平凡。未必都是雪朗峰頂雪山環繞的旋轉餐廳、藍色海岸的沙灘與賭場，或者小鎮沿河的天鵝與水鴨。也會包含失望與無奈，譬如拉法葉百貨的中文廣播與聒噪鄉音，譬如蒙娜麗莎面對數以千百計的合影遊客擺出的那副生無可戀的表情。

但這些也無時無刻不在提醒著：「我」不重要，「我」只是大千世界的一顆微塵。能在多大程度上洞悉外面的世界，才能在多深入的維度上理解自己。

在摩納哥看到待價而沽的遊艇，起步都是數千萬歐元。我和老婆大人說笑，人生不只有眼前的苟且，還有怎麼也賺不到的錢和打死也去不了的遠方。

但金句到底有直擊人心的地方，平日的瑣碎令自我意識無限膨脹，阻礙了認知世界的視野，詩和遠方，恰巧凸顯了自己的渺小。知道自己微茫，才會懂得謙卑過活，努力前程，不再抱怨，心懷期待，將有限的三萬天生命，都當成末日來熱愛。

§

不遺餘力地消解美好的東西，是虛無主義的流毒，而所有的虛無，本質上仍然是一種相信。如果可見的、切近的不能令人滿意，甚至惹人懷疑，至少也反證了內心有一把尺，冥冥中有一番期望，感覺應該有更圓滿的理想狀態。

詩和遠方，其實就是理想狀態。

我不明白，眼前的苟且以及詩和遠方，為何一定要截然對立。生老病死固然無法迴避，心靈自由同樣有跡可循。跋涉現實和攀登遠方從來不矛盾，在兩者之間築起一道籬牆，然後轉向一邊，才是自欺欺人。

你我皆凡人，追逐有靈且美的萬物，都需要堅持不懈地接近。而途中最大的障礙，或許就是眼前的苟且。生命得到多少，夢想實現幾分，都未可知，但經歷也是美意和祝福。

怕就怕，輸給了眼前的苟且，還要拿否定遠方來尋求僅存的安慰。或者頂著詩和遠方的冠冕，行的卻是苟且之事。

縱然行走在塵世，唯願心如明鏡臺。我們走過山河湖海，登過雪峰，穿過沙漠，流連過博物館，應該都曾為自然的造物和人類的智慧驚豔不已，一旦回歸營營役役，也就無須太煩躁。

至少我們已經見識過，「生活不止眼前的苟且，還有詩和遠方的田野」。而我們也熱忱地希望，「赤手空拳來到人世間，為找到那片海不顧一切」。

看看外面的世界，才明白為什麼回來

我曾經對伊斯坦堡無比憧憬。

在帕慕克筆下，奈瓦爾和福樓拜他們去那裡，只為探索心目中的「東方」。而我們這些「東土大唐」的遠來之客，也想在極具異域風情的建築、食材、風土裡，尋找難得的新鮮感。

在飛往伊斯坦堡的航班上小憩，閉上眼，都是關於藍色清真寺的想像。這座歐亞交界的城市，在陰晴變化的歷史深處，流淌著難解的憂傷。

可讓我頗感意外的是，回程時，最不捨的倒成了煩囂的艾米諾努碼頭。加拉塔大橋的垂釣者不避風雨，四百多年歷史的耶尼清真寺，還冠著「新清真寺」的名號。拐過寺旁的甬道，穿越人潮和伊瑪目透過擴音器傳出的領拜聲，就是奇詭的香料市場。各色的香料茶粉、杯盤碗盞，連同地道的土耳其軟糖和山寨的絲巾，雜糅著世俗流變的餘音。

旅行往往是這樣，滿以為是去追尋截然不同的世界，卻終究逃不過此岸現實的映照。太多的風景目迷五色，回過神，遇見的還是生活的本真。

§

在土耳其的時候，輾轉幾個城市，原本是想在碧海藍天裡忘卻逼仄與壓抑，可隨著時日推移，想得更多的，倒成了為什麼要回來。

西臺、突厥、拜占庭、塞爾柱、奧斯曼等帝國的投影，在這片土地上越拉越長，希臘羅馬和波斯的文化，也深入肌理。幾千年來，這個國家包容著迥然不同的宗教與文明，兵戈不止，卻從未毀滅。

兩千年前，羅馬人依傍山形，改建以弗所古城。不僅有上下三層可容納兩萬五千人的圓形劇場，還有神廟、市集、音樂廳、圖書館、妓院、浴室，乃至露天廁所等一應設施。

拾級而上，不禁感慨，人事有代謝，人心無古今。在追求生活品質的道路上，相較數千年前，我們唯一的優勢或許只有參照物更豐富而已。技術讓更多想法照進現實，但在生活的欲望和審美的追求上，今人未見得高明到哪裡去。

卡帕多奇亞則是另一重夢幻。因為氣候的關係，這裡和坦尚尼亞的塞倫蓋提並列為熱氣球的最佳飛行地。趁著晨曦出發，遠眺噴射燃料時閃動的光芒，恍然置身童話世界。搭乘之後，熱氣球緩慢升空，任微風拂面，直到朝陽初起，為霞滿天，照臨曠野與峽谷，恐怕是世界上最溫柔爛漫的飛行體驗。

§

和土耳其很不一樣，美國是現代城市的極致。去紐約，去華盛頓，更像是換個地方生活。

紐約是無窮無盡的商業。遮天蔽日的高樓，人流湧動的第五大道，上東區的典雅質感和水牛城的車水馬龍，每個人都有鮮為人知的隱衷，每個人都有難以盡訴的怨念，但霓虹一閃，廣告一打，車燈一亮，好像全都煙消雲散。如果繁華是一場追逐，紐約應該是全世界的重心。

到街頭巷尾去搜尋美食，也是旅行的至樂。這次托朋友的福，在華盛頓郊區吃了一頓麻辣小龍蝦。

在國內常聽人言之鑿鑿，小龍蝦長於溝渠，多食穢物，「只有什麼都吃的中國人下得了嘴，外國人不會吃這些」。他們壓根不知道，小龍蝦的英語叫 crawfish，早在一九二、三〇年代，crawfish 就是美國人飯桌上的特色美食。

鄉村音樂巨匠漢克・威廉斯（Hank Williams）有首趣味盎然的歌叫〈Jambalaya〉，木匠兄妹、小野麗莎、鄧麗君都翻唱過。娓娓道來的歌詞裡提到「Jambalaya and a crawfish pie and fillet gumbo」，Jambalaya 是什錦飯，crawfish pie 就是小龍蝦派。

兼容並蓄如美國，在接納不同人種的同時，自然也衍生出多元的飲食文化。如今，以麻辣小龍蝦主打的餐廳，也是華盛頓「小吃街」上的網紅店，晚上九點還門庭若市。

更稀奇的是，美國的麻辣小龍蝦直奔主題，連盆碗都棄之不顧，直接用塑膠袋兜好，往桌上一扔，除了麻辣小龍蝦，還有飽蘸湯汁的馬鈴薯、玉米、香腸。偌大的鱈蟹腳也按同樣的方式料理，竟然頗為入味。美國人的粗糙和駁雜，由此可見。

風景易逝，味蕾長情。就像很多人有「中國胃」一樣，親嘗歌裡書上才有的異域美食，也會是長久難忘的回憶。

讀大學那時，看過葛兆光老師的一本小書《在異鄉聽雨看雲》。當時不以為意，可出國的機會多了，慢慢懂得書名背後的意味。

一則，人在他鄉，對一草一木都格外敏銳，陌生會激發每個人的感受能力；二來，和國內千篇一律的城市化進程不同，哪怕喧囂如紐約，也多有湛藍的天色和清新的空氣，時而飛機掠過，留下長長的白線。風吹雲散，能駐足看上好久。

習慣了平日的低頭埋首或者行色匆忙，有難得的機會，可以不趕時間，安靜地吹吹海風，耐心地看小松鼠在綠地裡啃食果子，也是稀罕的閒情。

§

葡萄牙作家費爾南多．佩索亞（Fernando Pessoa）有一篇文章，講述他關於旅行和外部世界的看法。

他說：「我對世界七大洲的任何地方既沒有興趣，也沒有真正去看過。我遊歷我自己的第八大洲，我的航程比所有人的都要遙遠。我見過的高山多於地球上所有存在的高山，我走過的城市多於已經建立起來的城市，我渡過的大河在一個不可能的世界裡奔流不息，在我沉思的凝視下確鑿無疑地奔流。如果旅行的話，我只能找到一個模糊不清的複製品，它複製著我無須旅行就已經看見了的東西。」

但佩索亞是驚才絕豔的詩人，哪怕足不出戶，胸中也已有萬古江河。對我們普通人而言，總有些難以想像的歷史需要雙眼去審視，總有些難以神遊的美景需要雙腳去丈量。

這不僅是逃離現實的種種壓力，也是更好的回歸所必需的自我完善。**只有看過廣袤紅塵，領略天地的恢廓，明白自己的渺小，才會真正放下很多不必要的庸人自擾，**

為有限的人生制定更多值得期待的節目。

米蘭．昆德拉走紅之後，「生活在他方」變成一個流行說法。旅行受時間限制，說是「生活」太勉強，不過是浮光掠影的集納。可恰恰是這種壓縮的遊走觀察，透過與庸常對抗的姿態，揭示出超乎想像的外部世界。

有時候想想，中國人過得太苦了。繁重的壓力與頻仍的自我暗示攪在一起，形成了營營役役的世界觀。人與人的距離拉不開，處久了難免齟齬；囿於一地，識見受限，人難免就狹隘。不同的風物與人情，其實是對心智的極佳開拓。

《新天堂樂園》電影裡，艾費多逼著沙瓦托離開小鎮外出打拚。他的理由再簡單不過：「如果你不出去走走，會以為這就是全世界。」雖然《聖經》有「人怕高處，路上有驚慌」的說法，但也好過井底枯坐，陋室苦守。

走過更多的路，才可能成為更好的人。

像我這樣用力地生活

親愛的，坦白說，我和你一樣，都不如看上去快樂。

有多少拍案叫絕、放聲大笑的縱情，就有多少夜深人靜、言不及義的沉默。在生活的戰場裡，有誰能夠全身而退，不過是刻意將階段性的結果晒給別人看，再把冷暖自知的過程藏起來，留待獨處時慢慢咀嚼。

其實不算過得多差。讀書或者工作，總有一份主業。談個戀愛，賺點小錢，甚至薄有聲名、人脈漸長。可一旦逼視內心的願望，似乎又無法窮盡，難以滿足。人就是貪婪的動物，命運卻有一種一視同仁的冷酷。

但我沒有抑鬱，沒有頹唐，沒有自暴自棄，沒有像老婆大人戲言的那樣「變成一個中年老變態」，全都得益於二〇一一年某個冬夜的一通電話。

那年我在上海的東北角念書，每天去城市西南邊的報社實習，凡事盡心盡力，只為一份轉正的工作機會。然而，努力了大半年，連筆試的機會都沒有拿到。因為，新政推出，壓根就不再招人。

如今我已經能笑著訴說舊日的際遇，可當時真心覺得天塌了，怨婦似地跟老婆大人嘮叨了很久，隨時隨地，無休無止。直到有一天，我坐在悶熱擁擠的五三七路公車上，對著電話例行感慨人生無常，老婆大人忽然說了一句：「不知道有什麼好擔心的。你知道嗎？你可是我見過活得最用力的人了。」

我愣了一下。老婆大人的話，像是給我無頭蒼蠅般的生活拎出了一條主線：本就一無所有，何必唉聲歎氣。除了繼續用力生活，難道還有別的出路嗎？

§

今年我認識了一個新朋友，江湖上叫他「剽悍一隻貓」。

貓老師約我見面那會兒，剛扎根上海沒多久，才找到一處落腳的租屋。我開玩笑問，大家都著急忙慌地「逃離北上廣」，你怎麼就鐵了心要來？他答得很鄭重：「我感覺自媒體有機會，就想著一定要到大城市來，抓住這個機會。哪怕攥出血來，都不能鬆手。」說的時候，他無心地捏緊了拳頭，我才相信這並非言不由衷。

後來，貓老師只用了半年時間，粉絲數從十萬竄升到六十萬，儼然已是自媒體圈子裡新立的山頭。我看他推課程、做分享、賣服務、說乾貨（編註：乾貨指的是經過精鍊，可信而實用的內容），付費的線上講座一度有七萬人收聽。

方法當然是有的，很多人學不來，也未必願意用。可看到關於貓老師的報導連篇累牘地推出，細數成功原因和漲粉祕笈，我都會想起那個陽光充裕的悠閒午後，他不經意捏起的拳頭。要我說，器可模仿，魂難掌握。他是古龍《七種武器》裡的小馬，因為用力，連拳頭都像刀槍劍戟般虎虎生風。

我很喜歡廖一梅的一篇文章，〈像我這樣笨拙地生活〉。其中寫道：「**迴避，躲閃，輾轉騰挪都毫無作用，既然來的總是要來，迎著刀鋒而上恐怕是最好的選擇，起碼節約時間。上天當然不會厚待你，但自己可以成就自己。**」

§

二〇一六年發生了不少事，我也達成不少十萬以上的成績。偶爾露一下手速，朋友們拿我尋開心，說我是「全世界最快的男人」。

舒淇和馮德倫終於成婚，布萊德彼特和安潔莉娜裘莉又忽然離婚，我都寫了。然後，舒淇粉叫嚷著，女神憑什麼要嫁給馮德倫這樣性情不定、玩世不恭的男人；裘莉黑也跳腳了，誰讓你當年做小三，現在慘了吧。

簡直太逗了，走到哪裡鎂光燈跟到哪裡的人，每年繳稅都比我們收入更多的人，選擇牽手和分別，能有多招人憐惜？說到底，我們永遠無法理解他人的生活，雖然我們保有評論的權利。真正能用力改變的，唯有自己而已。

前年歲末，聖安東尼奧的AT&T球館，見證了一次漫長的告別——提姆．鄧肯（Tim Duncan）的球衣要退役了。在他從一而終的二十年職業籃球生涯裡扮演過重要角色的人們，穿著休閒西裝，坐在靠背椅子上。身上還是熟悉的聚光燈，場景卻從揮汗如雨的賽場，變成了好友小聚的閒聊。

鄧肯的教練波波維奇（Greg Popovich）站起身，拿著麥克風，講了近十分鐘。哽咽的時刻，向來鐵血的他一跺腳，硬是撐了下去。

最後，也最動人的是，波波維奇指著鄧肯說：「這是我關於鄧肯最重要的一句話。我能非常坦然地對鄧肯已故的父母說，這個男人依然是當初走進馬刺大門的那個人，未曾改變。」在全場的歡呼聲裡，鄧肯強忍住眼淚，起身和恩師擁抱。

和同年退役的柯比．布萊恩（Kobe Bryant）一樣，鄧肯這個不苟言笑的大個子，從二十歲出頭一直打到將近四十歲，從未有過絲毫喘息。

我曾經很好奇，手握如此之多的冠軍戒指，鄧肯真的「從未改變」？就沒想過懈怠和放棄嗎？

後來我讀到岡田武彥寫的《王陽明大傳》。三十七歲的王陽明因為得罪權貴幾乎被廷杖致死，給貶到窮山惡水的貴州龍場當驛丞。可在極盡窘迫的境遇裡，他還不忘開壇講學。在〈教條示龍場諸生〉裡，王陽明說，聖賢之事，「唯有四事相規：一曰立志，二曰勤學，三曰改過，四曰責善。志不立，天下無可成之事」。

哪怕是素來淡泊的佛典，《無量壽經》裡也有「我建超世願，必至無上道，斯願不滿足，誓不成等覺」的慷慨激昂。

鄧肯應該不讀王陽明和佛經，但他不能免俗的迷茫和困頓，從來遮掩不住壯志凌雲和拚盡全力。

§

年末少不了盤點。網路平臺「中國三明治」做了一個很有趣的系列口述，叫「我的二〇一六」。創始人李梓新老師抬愛，讓我也忝列其中。來採訪的直屬師妹溫柔嫻靜，提了很多細緻的問題，我也掏心掏肺地回應，就連焦慮，也一一交代。

當師妹問我，自由職業者有什麼困難，我對她說：「寫作本身也會經常使人產生自我懷疑，經常會想，我寫的東西到底有沒有意義？為什麼這篇文章很準確地傳達了我的心境，卻收不到回應？又或者我是不是又到了瓶頸期？」而在這背後，「所有焦慮產生的前提，都建立在你是真正地愛著自己在做的這件事，你是真的想要做下去」。

時光裡的草蛇灰線從來不會放過任何一個敏感的人，我也想學學木心，帥氣地說上一句：「我亦未曾饒過歲月。」而所謂未曾饒過歲月，想必就是不再輕巧地浮光掠影地和每一天周旋，在忽明忽暗的人生基調裡，始終用力生活。

這篇文章是在上海開往北京的高鐵上寫的。京津冀地區嚴重霧霾，過濟南，進德州，走天津，窗外的景物只有模糊的影子。沿途的城市與村莊、田野與河流、巍峨的山巒與幽暗的隧道，都籠在濛濛的灰暗裡。

這真像人生啊，我當時想，雖然前路茫茫，但只要開足馬力，終會抵達。

對麻木的日常心懷警惕，是生活中最大的感恩

我和老婆大人在一起，就是一首冰與火之歌。雖然同為獅子座，但她是一臺正能量永動機，始終像冬天裡的一把火。我則會無緣無故地陷入悲觀，彷彿萬古嚴寒裡走來的冰美人。

有一回逛超市，結帳時買了個塑膠袋。結果塑膠袋的手提處沒有打洞，我的第一反應是：「塑膠袋這麼好做，還保證不了品質，太差勁了。」老婆大人卻由衷地感歎：「機率這麼小的事都碰得上，運氣好好呀！」雖然我總是笑她傻樂，可在內心，又很鍾情她不問來由的樂觀通達。

上海的冬天不好熬，氣溫忽高忽低，空氣裡還浸透水分。不僅北方的朋友叫苦不迭，連我們這種土生土長的「原住民」也恨不得每天宅在家裡。漫漫凜冬，家徒四壁也顯得冷，於是採買裝飾，想把家打扮得再溫馨一點。

有一次我洗完澡，推開房門，看到老婆大人赤腳在新買的地毯上又蹦又跳，嘴裡

還嚷嚷著：「我們家是不是超漂亮！」

「你是不是傻的？」我問她。可一邊問，嘴角也忍不住泛起微笑。

老婆大人身上有一種可貴的純真。和這樣的人在一起，就像是帶著一臺語音提示器，隨時會照亮你的晦暗，提醒你，人生在世，煩惱總難避免，日常也令人麻木，但想到深秋金黃的銀杏樹，踩在梧桐葉上動聽的沙沙聲，瑟瑟發抖的寒冬裡吃到的一口烤地瓜，或者幫陌生人撿起掉下的東西再看他回報的一絲笑容，就會明白，生命珍貴，生活美好，本身就是一件值得感恩的事。

§

大城市裡的人，難免會有共通的感受：每一天都面目相似，時間不過是鐘錶上不斷轉動的圓圈、日曆上反覆刷新的數字、待辦事項上持續圈畫的記號。

很多描述城市生活的電影，會聚焦在林立的高樓和不滅的燈火。面無表情的人群穿行其間，若有所思，又不明就裡。如你如我，就這麼飄來飄去。

因為這般迴圈，我們不自覺地陷入鈍感：生活的全部，無非是做好工作、過好日子、善待家人、友愛同輩。凡是在這種政治正確範圍內的，我們日日夜夜；凡是超出這種普通意義上的奮鬥的，我們戰戰兢兢。

曾經憧憬過的浪漫美好，被現實沖散。幾度夢想過的荒誕不經，也一笑而過。我們好像不再會做出格的事，不敢去探問內心的聲音，唯恐代價會讓自己驚慌，答案會讓自己失望。

§

可是，一旦跳出日常，換一個座標系，生活是否只有一種模樣，其實是存疑的。

我有個作家朋友去臺灣念書，回來之後，她和我說，在上海待了那麼久，從來不會看雲。直到去了臺灣，看風流雲散，看雲蒸霞蔚，水汽下降又升騰，雲朵飄蕩又聚合，忽然就懂了。

聽她說這段，我想到康斯特勃（John Constable）。這個十九世紀的英國磨坊主之子，成天浸淫在鄉野之中，畫田地、畫樹林、畫溪流。如果細看，康斯特勃筆下的雲別有風致。〈滑鐵盧大橋的揭幕典禮〉裡的雲是恢弘與壯闊，〈乾草車〉裡的雲是盎然與湧動，〈索爾茲伯里大教堂〉裡的雲則是錯落與嫻靜。

畫得出細微差別，除了技術天賦，更要心底有情，願意抬頭看看無用的天空，願意出去吸吸自由的空氣，世界的壯闊和精緻，才會漸次展現。

反照現實，城市沒有賜予看雲的條件，我們也主動放棄看雲的意願。於是，美妙的雲與我們就此錯過，成為又一件熟視無睹的東西。

§

生活中的物件，也是類似。

我們有多長時間只靠手機來聯絡？又有多久沒有寫過信了？

讀初高中那會兒，還流行筆友。陌生人之間的書信往還，既是對某種不確定的守望，也是對意外驚喜的期待。縱然素未謀面，筆底的情感卻無比真誠。

在古詩裡，我很喜歡李商隱的〈夜雨寄北〉：「君問歸期未有期，巴山夜雨漲秋池。何當共剪西窗燭，卻話巴山夜雨時。」

這不僅是一首詩，也是一封信。眼前是巴山寒夜的秋雨，遠方是思念不已的良人。看著夜雨時分的孤寂，想的卻是共剪窗燭的暖意。虛實交疊，喜憂兼具，一切的前提，都是書信暗含的地理間隔與時空阻斷。有距離，才有等待；有等待，才有希冀。唯有希冀最動人。

杜甫寫「烽火連三月，家書抵萬金」，一封信穿過數月的戰火，跋涉山川與河流，抵達家人手中，才千金不換。晏殊寫「欲寄彩箋兼尺素，山長水闊知何處」，正是想寫信又不知從何寫起，才反襯出「獨上高樓，望盡天涯路」的蒼茫內心。

哪怕是今人的感歎，江美琪〈那年的情書〉裡都寫「回不去的那段相知相許美好，都在發黃的信紙上閃耀」，但換成簡訊、微信或者電子郵件，非但意境全無，還怪誕不已。

說這些不是矯情，想回到書信的年代，手機的便利當然造福於人，可是一旦完全捨棄書信，相應的柔情蜜意和期盼驚喜，也都隨之不見。然後我們對著手機，漫無目的地刷著朋友圈和微博，內心無感，雙目無神，日益麻痺，倍覺無趣，還認定人生本就如此。

人是很容易妥協的動物，一時新鮮，看慣之後，就會陷入「不過如此」的自我撫慰。長此以往，當好奇逐漸退卻，頹唐和暮氣會長久地佔據心頭。說到底，衰老不就是這麼一回事？

而深諳生命本真的人，不會縱容自己在日常的泥潭裡越陷越深。再司空見慣的東西，都要從中挖掘美好的部分。因為他們懂得，如果一生註定是漫長的拉鋸，好好享受生活，才是最大的感恩。

成年人的生活哪有容易二字？

我把《四重奏》看作二〇一七年的最佳日劇。

阿卷和丈夫一見傾心，感情迅速升溫，有聊不完的話題。丈夫享受戀愛的過程，阿卷也找到了心心念念的「家人」，於是婚姻變得順理成章。

但成家之後，一切都變了。阿卷辭去工作，安心擔任主婦，把家打理得井井有條。丈夫表面上心滿意足，內心卻懷念戀愛時的感受。出於對彼此的愛，兩個人都選擇了緘默不語，假裝心結從未存在。

生活也沒有給這個家庭好臉色看。丈夫要在職業上謀求進一步的發展，卻懸而未決；看妻子離想像越來越遠，又不知如何開口；想透過一個孩子來挽救日漸平淡的婚姻，也不曾如願。直到有一天，丈夫不堪內心的重負，離家出走。

演到這一段，不少視頻彈幕都在說：「渣男！」另一些和事佬則說：「誰都沒有錯，只是不合適。」說句公道話，前者誇大了老公的錯誤，導向了無關的道德方向；後者則有些文過飾非，掩蓋了問題的癥結所在。

阿卷的丈夫最大的毛病，是面對嚴酷的生活，始終有一種志高才疏的心態。他只是中人之資，卻偏偏附庸風雅，羨慕陽春白雪，可他一沒有門第身家，二不肯拚命努力，永遠盼望閃閃發光的日子，卻不願承認世俗是生活的底色。隨著年齡漸長，人生的可能性日益減少，不滿與不忿也就愈加明顯。

說得直白一點，這是一個弱者必然遭遇的中年危機。

§

這讓我想到一位深圳白領的自白。

這位白領二〇〇一年大學畢業，工作近十年，期間拿到碩士學歷。夫妻都是農村出身，全靠自己奮鬥。二〇一〇年，他們存錢買了一間一百二十萬人民幣的中古屋，背下一個月六千元的房貸。二〇一一年，有了一個兒子。

二〇一六年，二胎政策開放，夫妻倆又生了一個女兒。因為帶孩子的責任重了，妻子選擇辭職。二〇一五年，深圳房價大漲，夫妻手裡有了幾十萬餘款，又買了一間十六、七坪、總價三百多萬的學區房。湊不齊的頭期款，拿第一間房屋抵押，置換出七十萬現金。

然後問題來了。家裡只有他在賺錢，每年收入五十萬以上，另有一些獎金分紅，但貸款和抵押還款每個月就要兩、三萬。

公司安排他出國，他走不開，人力資源部門就希望他主動離職。無奈之下，他在網上投簡歷，但「三十多歲年紀，一般出去做不了高階主管，企業也不要，面試機會也很少。少數小公司面試過，基本月薪也是稅前不到兩萬，稅後房貸都不夠，有的還看不上我」。如果去賣房，因為趕時間，只能賤賣，剛好和貸款還款持平。

於是他產生了嚴重的焦慮：「這麼多年來，我時時鞭策自己，從來不敢懈怠，能加班就加班，能早去就早去，上司一點不滿，就緊張好多天，生怕丟了工作，可到頭來還是不得不離職，入不敷出。那是哪裡出了問題呢？是我不努力嗎？是企業給我的待遇不好嗎？還是房價帶來太高的生活成本？」

或許是因為最後幾句發問，切中了很多人的痛點，一片熱議之中，頗贏得幾聲同情。努力固然值得稱許，但這位老兄，也犯了志高才疏的錯誤。

買第一間房子的時候，有些許的遺憾源自「家裡沒錢支持」；生女兒的時候，說的是「響應國家號召」；等到孩子多了，老人照看不了，又讓老婆被迫當主婦；買第二間房子，理由是「房價有國家支撐，只會漲不會跌」，等貸款全部確定了，才想到錢可能有點緊；對未來的失業風險，又缺少萬全的準備。

好像任何決策都有充分的外部理由。但每一條，都建立在自己判斷失誤的前提下。他們完全可以過上體面安穩的生活，卻因為過度樂觀和透支未來，遭遇了空前的危機。

§

我沒有說活該的意思。**人生辛苦，誰也不必看低誰。但成年人肯定要明白一個道理：生活饒過你，不過算僥倖；生活折磨你，無非是尋常。**

為了應對變幻莫測的未來，要盡可能認識自己是誰，有幾斤幾兩，能做多大事，也不妨給自己留點退路和餘地。

夢想要有，但得給它畫個路線圖，別成天躺在「萬一實現了呢」的幻覺裡，破滅了還失望。幸福要追，可得揮別什麼都想要的貪圖，別成天陷入「這個真不錯，不捨得放棄」，「那個也很好，超級想要」的兩難。如果連拿到其中之一都很不容易，奉勸先專攻一個再說。

有些素昧平生的人，加了我的微信之後，會對我說：「踢踢，好羡慕你能靠自由職業養活自己。趕上一波風口，真是好運氣啊。」我都笑著說謝謝。

沒什麼必要多解釋。對他們來說，人生像是刮彩券，只要緣分一到，自然福至心靈。但我堅持，人生就是時刻準備、伺機而動，為了每個機會做充分的籌畫，然後指望能趕上其中一些。

我們對幸運的理解不同：你覺得是守株待兔盼來的，我認為是枕戈待旦贏下的。後者入了迷，頂多就是心願落空，奮鬥卻會在生命裡留下成長；前者一旦成癡，就是志高才疏，繼而怨天尤人。

生活殘酷，永遠不要做志高才疏的人。

歡迎來到冷酷真實的成人世界

年紀漸長，我對甜到哀傷、蘇出天際的純愛劇已經不太感興趣，每次新劇上檔，廣受追捧，抽時間看兩集，內心的獨白都是：「一個能打的都沒有。」

但是最近，遇見一部吐血推薦的神劇——《四重奏》。

二十四歲就擔任《東京愛情故事》編劇的坂元裕二寶刀未老，仍舊是印象裡的「金句王」；松隆子、滿島光、高橋一生和松田龍平組成的卡司，也足夠有說服力。

但最打動我的，是這部基調輕快詼諧、主線懸念叢生的劇集裡，每個人都有不為人知的苦衷。無所謂絕對的好人，也無所謂純粹的壞蛋，渣男有溫暖的一面，人生輸家有柔軟的部分。

人生就是這樣，哪裡能處處都是彩虹般的夢幻？把表象揭開，底下躺著的，很可能就是里爾克的那句：「哪有什麼勝利可言，挺住意味著一切。」

§

松隆子飾演的卷真紀早先是小提琴手，婚後成了家庭主婦。她一心想找個家人，過上穩定的日子。命運似乎也待她不薄，安排了一個平和踏實的丈夫。戀愛的時候，他們相談甚歡，一起吃大餐、看煙火。

步入婚姻之後，也不是不愛了，但阿卷安於主婦的角色，丈夫卻試圖留住戀人的新鮮與神祕感。因為對彼此的愛，他們都把願望藏在心裡，不去挑明。

直到有一天，丈夫和同事去居酒屋，阿卷碰巧也和朋友約在這裡。炸雞塊上來之後，同事問，要不要擠檸檬？丈夫說，不要，我不喜歡。阿卷這才明白，丈夫平日在家，吃她做的擠上檸檬汁的炸雞塊，還表現出超級愛吃的樣子，單純是用隱忍來遷就她。更要命的是，炸雞塊的分歧就像兩人關係的縮影。當同事問丈夫，你愛她嗎？丈夫回答說：「雖然愛她，但不喜歡她。」

現實中的愛情不也常常這樣嗎？自以為的深情，未必是別人想要的；明明很努力，明明在付出，到頭來卻顯得不太得法，甚至乖謬可笑。

誰也沒存壞心，轉眼卻已陌路。

§

松田龍平飾演的別府司出身於一個優秀的家庭。不幸的是，他剛好是光環下的陰影，連演出機會都要依靠家人暗中打點。

相處日久，別府鼓起勇氣向阿卷表白，遭到拒絕。失意之際，他又借宿在即將結婚的同事九條家裡，並和九條發生了一夜情。

按說，在任何字典裡，這都是渣男的代名詞。

可現實卻是，九條也不是不喜歡別府。纏綿過後，別府對九條說，我們結婚吧。九條給別府下了一碗麵，兩個人坐在晨光熹微的陽臺上吃。因為冷，九條匀了一部分紅圍巾給別府，對他說：「反正我也一直喜歡你，所以才和你睡了……這種事情就僅限於今天而已。可是，在寒冷的清晨，在陽臺吃的札幌第一拉麵很美味，就把這當作我們之間的高潮，不也很好嗎？」

喜歡你又如何呢？我也不是只喜歡你一個。發生就發生了，畢竟還要過各自的生活。留點回憶，就算告別的禮物吧。這也是成年人之間才有的默契。

聰明的九條沒有答應別府的一時衝動。鏡頭一轉，獨自踟躕在街頭的別府，脖子上套著的卻是九條的紅圍巾。

§

說實話，太多人向我諮詢情感問題的時候，都反覆強調，自己是真的很用情，於是難以忘懷，也走不出來。

投入是好事，但把自以為的愛情當成全部世界，實在是珍貴的幼稚。

一旦到了三十歲上下，或者告別巨嬰的心理時，就會理解成人的世界：愛那麼複雜，哪裡是非黑即白的愛或不愛，或者情到濃時的「我愛你」或「我願意」就能概括。

唯一能確定的，只有歌裡唱的：「越是相愛的兩個人，越是容易讓彼此疼。疲憊了，放手了，不值得，不要了。」

爭一個對錯，爭的只是聊以安慰。當愛陷入迷局，誰又何嘗饒過誰。前幾個月，有女生和我分享了真實的經歷。她和男友無比恩愛，男友卻不幸患上絕症。生命的最後半年裡，她一直守著男友，強忍悲痛哄他開心。可該來的還是要來。男友去世後，他的媽媽整理遺物，找到一本筆記，想著送給女生，也好留個念想。女生收下了。等到終於有勇氣打開翻看，卻發現裡邊記錄著對其他女生的愛戀。

別說這個女生了，那天連我都很難過。但難過又有什麼用，面對滿目瘡痍的人性，一旦遇上了，除了試著去相信，也沒有第二條路好走。

也正因如此，我很羡慕那些未經世事、一遭遇冷淡或自私就要死要活的年輕人。他們身上有一種不服氣的天真，只要幾句甜言蜜語就能哄回來。可我真正佩服的，是那些在如水如霧的生活裡挑揀善與美，並讓它日夜醞釀持久發酵的人。哪怕他們看起來再平凡，卻有稀罕的愛一個人的能力和一顆勇敢的心。

§

成人世界也不是一無是處。

為了生計，四重奏組合不得不穿上裝扮成漫畫人物的衣服，唸著古怪的臺詞，違心地完成演出。

導演並沒有放過他們，他說：「按照客戶要求來的是一流的工作，盡自己最大努力的是二流的工作，能像我們這樣的三流，就是開心做事就行了。有志向的三流，就是四流了。」

可散場之後，「四流」的四重奏來到露天廣場，把他們原先想要呈現的音樂演奏給陌生的路人。觀眾停下來，圍觀、鼓掌、歡呼、舞動。這種時刻，你會慶幸，世界不是只分階層和等級，尚存的美好裡，還湧動著微妙的溫情。

寫這些不是為了讓人絕望，而是奉勸大家丟掉無謂的幻想。**做最壞的打算，才能迎接最好的可能。既然誰都躲不過，不如趁早接受：撕掉純愛的糖衣吧，我們終將擁抱成人世界的冷酷真相。**

Part 7

驚豔了時光，溫柔了歲月

如果我還擁有作夢的權利，是因為每一個你，
都曾在某個夜晚，化身為我的一盞街燈，
照亮我的寒冷與潮溼，
也拉長我幽暗的影子。

如果我的文字也曾溫暖你，
那是我對你最深摯的感謝。

時光流逝，只有媽媽永遠那麼美

如果有人問，世界上和你最親的人是誰？相信大部分人會第一時間回答，媽媽。可在日常相處之外，我們也免不了有盲點和誤區。

我們很少算這樣一筆帳：還能和媽媽相處的時間，其實並不多。無論讀書還是工作、成家，我們越來越獨立，嘗試過自己想要的生活，最多也就是週末抽一天，和媽媽吃個飯，陪媽媽逛個街。如果一年五十二週，每週確保一天，每年也就五十二天，如果媽媽還能活五十年，也不過是兩千六百天。從出生開始，哪怕只到十八歲截止，媽媽可是日日夜夜陪著我們，一共六千五百多天。而今，和媽媽在一起的日子，只剩兩千六百天了。

而且，這還不是一道單純的算術題。兩千六百天裡，我們從幼稚到成熟，媽媽卻從盛年到衰老；我們對媽媽的依賴會越來越少，媽媽對我們的想念會越來越多；我們想到媽媽的次數會越來越少，媽媽記掛我們的場合會越來越多。

另一個情況是，問到誰是你心中最美的人，媽媽也是常備答案。

幾年前，我在豆瓣看到一個線上活動，晒一晒媽媽年輕時的照片。其中一些皓齒明眸、溫潤如玉，簡直能用驚豔形容。

但轉念一想，「驚豔」的感覺背後，似乎隱藏著一種刻板成見：好像媽媽就應該平凡，就應該普通。哪怕長得很美，也只屬於短暫的青春年代。

其實，完全不是這樣。

§

我成長在一個普通家庭。我很小的時候，媽媽風華正茂。可是，在那個並不豐裕的環境裡，工薪階層並沒有多少打扮的預算，有時候，孩子還可能成為媽媽變美的「負擔」。

我小時候貪吃，愛西洋速食，愛冰淇淋。媽媽寵我，從來不會拒絕。然而經濟拮据，一旦滿足我的口腹之欲，媽媽買衣服和首飾的錢就會縮減。

媽媽喜歡金飾，卻只有一條極細的項鍊。有一回抱我去看燈會，我的手總是在媽媽的脖頸上觸碰摸索。等到人潮散去，媽媽發現，唯一的項鍊也已不知所終。雖然後來都是當玩笑在講，可在我的成長過程中，這個故事媽媽說了很多遍。

另一個頻率相當的橋段，是關於體重。媽媽總是和我說，懷孕之前，她只有四十四公斤，特別苗條，連捐血都達不到標準。可十年、二十年過去，體重也五公斤、十公斤地飆升。言辭之間，有遺憾，有失落，更多是百感交集的唏噓。

每每這樣的時刻才明白，當我們愈加親近，學會感念，會更懂得媽媽的美。與此同時，媽媽的自信卻在逐漸凋零。

生長於一九八〇年代的那一代，家裡還會留有底片時代的相簿，存放著掉色的相片。相簿裡的媽媽，也有活力的面龐，會燙時髦的大波浪，身後的背景不是故宮天壇，就是人民廣場。對她們來說，北京和上海，不是寄存了蜜月的回憶，就滿是戀愛的時光。

她們不像我們，能趁著年輕說走就走，但嚮往和憧憬，分毫未少。只是生活和現實拖住了她們的腳步，付出、奉獻取代了索取、追求，成了一代人的底色。

網上流行過一句話：「驚豔了時光，溫柔了歲月。」這是我翻看媽媽的相片時，腦海中的第一反應。

一度我以為，只是血緣的關係，才珍惜媽媽的美。後來才知道，我們每個人的媽媽，都有動人的一面，哪怕眼下不那麼張揚，不那麼自信，但光陰留下的痕跡，終歸會顯示出溫存的力量。

我們的媽媽，經歷過平淡，也經歷過洶湧，未必有一番大事業，卻品嘗過人生的酸甜苦辣。有些事，經歷過和沒經歷過，就是天壤之別；有些感情，付出過和沒付出過，就是雲泥之差。

養育我們的過程，本身也是在醞釀母愛之美。這種美有油煙味，有煙火氣，曾經令我們疑惑，使我們反感，可當我們和命運交手，跟自己和解，會自然而然地理解媽媽的心路歷程。

§

我小時候見了糖果就不要命，可進口巧克力是稍微奢侈的食品。跟著爸媽去食品商店，看到高高的透明玻璃櫥窗裡塞得滿滿的巧克力，常常走不動路。小孩子不懂得節制，只顧著討要。回想起來，媽媽不過領著三位數的工資，卻從來沒有拒絕我吃十幾、二十塊錢的巧克力。一次也沒有。

目前，我以寫作為生。乍看很自由，實際上卻要耗費大量的時間在書桌上，在電腦前，陪伴爸媽的時間更少了。時空的距離，卻絲毫沒有阻隔媽媽潤物無聲的關心。

她好幾次問我，文章底部的那個點讚是幹嘛的？下次我也點一個，轉到姐妹淘那裡去，讓大家都來看。

我知道，「這是我兒子寫的」是她不會說出口的自豪。很多文章，她比我看得都仔細，即便有時候，她會無心地說一句：「寫得滿好，就是字體好像有點小哦。」

這種時刻，我才會從忙忙碌碌的生活中抽離出來，想到媽媽老了，眼睛花了，頭髮也慢慢白了。她能去的地方應該越來越少，能體驗的生活方式應該不會像年輕時有無限可能了。

可我好像還抱著想來美好其實有點虛妄的初衷：賺更多的錢，讓媽媽過得更好。也許，在她心裡，能多陪陪她，送她點禮物，吃點流行的餐廳，看點熱門的電影，就是最好的生活了。

古人惜時，有兩種方式。一類是勸進，「花開堪折直須折，莫待無花空折枝」；另一類則是「恐嚇」，「樹欲靜而風不止，子欲養而親不待」。狂風不會等幼樹參天，與其將來留下悔恨和傷痛，不如多陪陪媽媽，從現在開始。

如今，我總會盡量找理由，一家人聚聚。媽媽的生日，或者母親節、婦女節，有什麼滿意的餐廳、新奇的菜式，總想著一道嘗鮮；看到熱鬧的電影，會幫媽媽和姐妹淘買好票，讓她們一同去看。

買了蛋糕，在巧克力片上寫祝福，或者身體健康，或者生活和美，哪怕財運亨通股票大漲，說笑裡也是溫情。如果還有閒暇，燉點甜湯，燒點小菜，手藝未必要超過媽媽，卻是彼此的溫暖。其實不必多貴重，也不用多少時間。在媽媽眼中，最好的禮物，就是獨一無二的心思。

為了讓媽媽重拾美的自信，我教她網購，看中什麼衣服，放進購物車。起初媽媽不習慣、捨不得。久而久之，當我下班回家，推開家門，媽媽會跑過來問我：「這件衣服好不好看？幫老媽買一下。」於我於她，這都是最溫馨的瞬間。衣服到貨之後，媽媽還會試穿、品評、徵求我的意見，聽到「好看」、「水靈靈的」、「讚」，她的臉上會浮現由衷的微笑。

對媽媽來說，自信和快樂始終是通向美麗的祕道。如果生活的重壓曾經冷凍這種美，現在喚醒非但為時不晚，更是無比重要。

我時常會想：人生是什麼？從一時一刻的情緒中抽離出來，答案或許簡單一點：人生就是難忘瞬間構成的長久回憶。

我們眼下和媽媽的相處，就是未來關於媽媽的一切。

致父親：因為你，我才是現在的我

小津安二郎最後一部電影《秋刀魚之味》裡，父親山平送女兒道子出嫁，內心滿是不捨。晚上和老同學聚會，酒酣耳熱，卻更顯得空虛。山平跑到熟悉的酒吧，要了一杯不加水的純酒。

老闆娘看山平穿得正式，問他：「今天從哪裡回來的呢？葬禮嗎？」他笑得落寞：「嗯，也可以那麼說。」

事實上，道子是山平親手推出去的。女兒到了待嫁的年紀，卻始終未見動靜。看到朋友的女兒都已為人婦，當年老師的女兒因為四十多歲還獨身，儼然成為家庭矛盾的導火線，山平迫不得已。哪怕道子表達了一輩子照顧山平的意願，他仍舊堅持。

從酒吧回到家裡，小兒子已經睡下，山平哼起年輕時海軍服役的戰歌。小兒子不明白，觀眾卻懂了——時光如流水，命運似孤帆，往事不可諫，來者也未必可追。人生不就是這樣，常常千般不捨，又笑著揮別；分明愛著，又無可言說。

小津極通人情。他鏡頭裡的庶民社會，哪怕時隔半個世紀，依然宛若身邊。在我們的成長中，很多父親也像山平一樣，不善言辭，卻用無聲的愛浸潤著孩子的心田。

§

我的父親出生在一九五〇年代末，一個隨波逐流的荒年。彼時，沒有什麼獨生子女的寵溺，因為是長兄，他還要肩負家庭的重擔。可能是生活壓力使然，從我懂事起，就只見過父親內斂的一面。

父親的同輩人，大多是工薪階層。因為吃用有限，在拮据裡養成了省儉的習慣。但剋扣總朝著自己，於母親和我，卻出奇地大方。

有一次，我和父親說想買奧特曼的漫畫。那時還沒有網路商店，書店皆為國營。父親對我說，去新華書店看看，如果不超過二十元就買。去書店的路上，我一直在唸叨，到櫃檯一問價格，父親爽快地買了。

小孩子粗心，只顧著翻看，隨後就丟在一邊。直到高中整理舊書，翻到這一套「珍藏」，重溫了一遍。翻到尾頁，定價欄上赫然寫著：三十五元。那一刻，我的心好像漏跳了一拍，舊事呼嘯著湧進腦海。哪怕是今天，這十五元的差價，仍然是我心底長久的暖意。

在父親工資不過一百元出頭的年代，我只要拿到好成績，就能去當時堪稱奢侈的肯德基飽餐一頓；在南京東路的食品商店，吃過二十元的進口火炬冰淇淋；午睡醒來，父親會遞來幾十元買的變形金剛玩具。

雖然不至於所要即所得，我的童年也毫無遺憾。回想起來，這都是父親節衣縮食的饋贈。

父親沒上過大學，但聰明才智遠勝於我。因為家裡養狗，他親手搭了一間小木屋；小時候穿的衣服，也有不少是他在縫紉機上的一針一線；哪怕是書，也是我讀什麼，父親跟著讀什麼，從未有過知識的鴻溝。

在家裡，買菜、洗菜、燒飯都是父親包攬。他做得一手好菜不說，還總能翻出新花樣。尤其趕上節慶，舉家團坐，飯桌上擺開八樣冷盤，還有接連不斷的熱炒；飯店吃到的美極蝦和水煮牛蛙，他偷師回來，改成家人偏愛的口味；為了給豆沙春捲解膩，他還會在餡裡裹進香蕉。母親開玩笑時常說，這是「真的喜歡做」。可要為瑣碎的生活抹上暖和的底色，說到底，依靠的是溫柔的內心。

每次看父親做菜，我總想到郎雄在《飲食男女》開頭的那段表演。切配蒸煮的節奏和韻律，看著是烹飪，細想，又何嘗不是深沉的愛意。

§

我生在上班族家庭，一直到十八歲才真正擁有自己的房間。很長一段時間裡，家裡沒有淋浴設備，都是父親載著我，去公共浴室洗澡。

冬天還好，一到夏天，烈日當頭，返程路上，父親又蒸出一身臭汗。我不懂事，還怨他，怎麼身上黏黏的，一路攬著他，等於白洗。

他也就笑笑，從來不發脾氣。

等到秋高氣爽，自行車又成為父子之間的情感聯繫。我最喜歡下坡時的迎風衝刺，每每激動得大喊大叫。父親只是莞爾，也不多話，更不會抱怨上坡的辛苦。

和父親的交流，不那麼事無巨細，更依靠心照不宣。而越是不執一詞，越是廣博宏大。父愛似乎就是這麼奇妙。

成家之後，每週去父母那裡吃飯，父親都備好一桌小菜。可添酒回燈，哪怕陪父親小酌，簡要地交流工作生活之後，又是拉拉雜雜的閒扯。

或者是近來的體育比賽，或者是熱播的美劇電影，再或者是講講看書的欣然有得。以前讀古詩，「近鄉情更怯」覺得抽象，而今才慢慢理解，越是在意的人，越是會字斟句酌。

老婆大人偶爾嘲笑我，說這是「謎之交流」。好像無須言明，最多只是暗示和揣摩，卻能在父子之間形成準確的默契。

可我深知，「謎之交流」之所以屢試不爽，得益於父親時時刻刻的關注和照料。差別無非是，兒時玩具糖果冰淇淋、學業成績志願表，到如今，變成了「別太辛苦」、「早點休息」、「錢夠花就可以了」。

看著父親，我常想起魯迅先生在〈我們現在怎樣做父親〉裡寫的：「自己背著因襲的重擔，肩住黑暗的閘門，放他們到寬闊光明的地方去。」

關於這段引文，父輩們未必知曉，卻多數懂得。在他們眼裡，我們有再多的成長、成績，乃至成就，都還是長不大的孩子。他們唯一的希望，就是讓我們在寬闊光明的地方，「幸福地度日，合理地做人」。

§

讀書時寫命題作文，父母和家是繞不開的話題。

其實小孩哪裡明白，家不是千篇一律的周到和貼心，而是外出前反復收檢的行囊，是推開房門望見那盤剝好的石榴，是明明心裡千般難捨，嘴上還要說的那句「沒關係」，是門鈴和電話邊的注視與等待。

每個人都憧憬過「十八歲出門遠行」，但對未知世界的探索，常常和父母無關。在意氣風發的年月，眼裡只有自己，任何牽絆都會視作負累。只有在長大之後，才明白父母的情意，抵禦了多少猝然的風險，又蹣跚過多少拉鋸的歲月。

是枝裕和導演的《橫山家之味》，直譯過來是「繼續走，繼續走」。阿部寬飾演的良多和父親關係緊張，歷經一些解不開的誤會，又釋放了一些短暫的善意之後，父母相繼離世。影片結尾，阿部寬自述：「三年後，爸爸走了，我沒和他一起去看過足球賽。沒過多久，媽媽也隨他走了，我從沒開車載過她。」

話音落下，是一個階梯的空鏡頭。子欲養而親不待，人生路遠，唯有繼續走，繼續走。

換作父母的視角，龍應台在〈目送〉裡寫：「所謂父母子女一場，只不過意味著，你和他的緣分就是今生今世不斷地目送他的背影漸行漸遠。你站立在小路的這一端，看著他逐漸消失在小路轉彎的地方，而且，他用背影默默告訴你，不必追。」

因為「繼續走」的無奈和傷感，更顯出「不必追」的寬容和博大。為此，更應該感謝無聲的父愛。因為他，我們才是現在的我們。

那些我們愛聽的歌裡，藏著內心深處的祕密

我的身體裡有個開關，在某種不可知因素的影響下，開關會自動打開，我就會變身一臺人肉點唱機。如果陽光正好，我會唱「今天天氣好晴朗，處處好風光」；天氣灰暗的時刻我會唱「陰天，在不開燈的房間，當所有思緒都一點一點沉澱」。

我和身邊的朋友交流過類似症狀，他們普遍表示，你不是一個人在發癲。然而，細思恐極的地方在於，開關的開啟往往是事後發覺的。當我意識到自己在燈火輝煌的街頭或者開往春天的地鐵裡引吭高歌，一切都為時已晚。有一回我大概被下了降頭，在地鐵裡唱好妹妹的〈祝天下所有的情侶都是失散多年的兄妹〉，等回過神來，方圓五米內的叔叔阿姨都投來了凜冽的目光。最怕空氣突然安靜，車廂溫度好像都低了三度。

因為有這些前車之鑑，我每次都很努力地對自己說：「李要控記李記幾。」可結果往往事與願違。於是，我開始思考：一言不合就飆歌，究竟是什麼原因？我們愛聽的歌裡，藏著內心深處的哪些祕密？

§

我在微信公眾號裡做了一個欄目叫「一首歌的時間」。這個粉絲深度參與的欄目，主旨是「用一首歌的時間，講一首歌的故事」。

很多歌會有故事的範本，或者寄託著創作者的情緒和意圖。但我們聽歌的時候，常常沉浸在歌詞和旋律裡，對背後的深意可能不求甚解、不願深究。

比如齊秦的代表作〈外面的世界〉，裡面有很動人的句子：「每當夕陽西沉的時候，我總是在這裡盼望你。天空中雖然飄著雨，我依然等待你的歸期。」很多人將其視作戀人離別前的祝福和承諾，或者分開後的守望與等待。

可這首歌是齊秦寫給姐姐齊豫的。十六歲那年，齊秦因為酒後鬥毆被送進少年感化院，剃著大光頭，戴著鐐銬。那段時間，齊秦唯一的念想就是姐姐每次從臺北轉三趟車，再到臺中住一晚，第二天一早來看他。所謂「外面的世界」，記錄著囹圄內外的姐弟情深。

這兩年大叔控和老幹部風盛行，李宗盛有一首叫〈山丘〉的歌紅遍大江南北。幾乎人人都會唱「越過山丘，才發現無人等候，喋喋不休，再也喚不回溫柔」。但未必為人熟知的是，這首歌，李宗盛其實寫了十年。

這十年裡，他從上海搬到北京，終結了自己的第二段婚姻，也曾經猶豫過，最終決定「看看人生能把我怎麼樣」。他開始到豆各莊做吉他，給女兒做飯，每週總有幾個午夜，開一瓶酒，耐著性子和需要時間的菜徹夜周旋。〈山丘〉並不是人生到了某個時間點上的驟然爆發，它是十年光陰的沉澱沖刷。

我有個略矯情的說法：流行音樂是我們的水和空氣。少了流行音樂，我們就缺少了托物言志的載體，精神世界會變得異常貧瘠。

開設這個欄目，想要告訴粉絲，如果我們需要借助歌曲來表達情感與思想，最好理清來龍去脈，以免誤用錯置。如果想了解哪首歌的故事，請告訴我，為什麼點這首歌，送給誰，想對他或她說什麼。

隨著專欄和點歌需求的持續累積，我發現了一些有趣的現象。

有粉絲問我，能不能在耶誕節那天點播陳奕迅的〈聖誕結〉，因為她是在那天和前男友分的手，當時商場裡就循環播放著這首歌。三年過去了，每到聖誕這天，她都要不停地聽。我不知道這是一種雋永的撫慰還是一種麻木的傷害，但這首歌和這個人之間，構成了一種隱祕的連結。

還有個粉絲說，她想要點播一首莫文蔚的〈雙城故事〉。因為她和男友畢業之後異地分居，男友去香港工作，她在英國念書，雖然生活很枯燥，壓根沒有歌裡寫得那麼豐富，但一聽到副歌裡說「千山萬水沿路風景有多美，也比不上在你身邊徘徊」，她依然覺得，這一句話就能幫助她熬過漫長的歲月。

我會收到很多苦情歌或者癡情歌的點播要求，當我把它們的故事寫出來，感覺留言區全是「說出你的故事」。只有極少數在聊歌，大多數人都在講述自己的經歷和困擾，其中很多的畫風都是「書桓走的第一天，想他；書桓走的第二天，想他想他」。

§

這很有趣。我以為歌曲的創作背景能增進粉絲對作品的理解，但似乎也只是好奇而已。比起故事，他們更關心這首歌的旋律和詞句能不能構成自身經歷的一部分，幫助他們傳遞那些愛情裡的感同身受或者詞不達意。

比如說，有人可能不在意《女駙馬》或者《牡丹亭》這兩齣戲說的是什麼，但看到《牡丹亭外》裡說「寫歌的人假正經啊，聽歌的人最無情」，馬上就能找到代入感；比如說《紅玫瑰與白玫瑰》未必熟悉，但李焯雄老師寫「得不到的永遠在騷動，被偏愛的都有恃無恐」，卻成為很多人的情感座右銘。

流行音樂最大的話題，本來就是關於自己。

而一首動人的歌背後，有我們的記憶、情感和成長，可能不會有意識地去想，但流行音樂構成了我們私人歷史的一部分。**我們聽什麼樣的歌，在某種程度上，顯示出我們是什麼樣的人，我們經歷了什麼樣的成長。**

§

有一次我和朋友去KTV唱歌，朋友請來一位「歌后」助陣，一開嗓把我們都鎮住了。我們慫恿她多唱幾首，她點了梁靜茹的〈一夜長大〉、溫嵐的〈傻瓜〉、莫文蔚的〈他不愛我〉。我很好奇，歌唱得那麼好，心裡為什麼那麼苦。歌后幽幽甩來一句：「遇到一個渣男，這些歌你就都懂了。」

我已經看見，一齣悲劇正上演，劇中沒有喜悅，只有這個女生內心的祕密，在一首又一首歌裡湧現。

如是故事看得多了，慢慢理解，一個人聽的歌，都是內心情感的投射。而每一代人對歌曲的偏好，多少就能反映出一個時代裡，某些群體性的特徵。

〈漂洋過海來看你〉是廣為傳唱的情歌。這首歌的奇妙之處在於，分明是一首富有年代感的歌，涉及很多感情和問題，又和今天的現實有千絲萬縷的聯繫。

歌的開頭描述將去見戀人的真誠和忐忑：

為你我用了半年的積蓄
漂洋過海地來看你
為了這次相聚
我連見面時的呼吸都曾反覆練習

如果是眼下，很多人會說，半年的積蓄才買得起一張越洋機票，窮就不要談戀愛了。可在當時，這對普通人來說，的確是深情的體現。

這首歌是原唱娃娃金智娟的親身經歷。一九九一年，她坐在臺北的一間小飯店裡，和李宗盛講起這段異地的婚外情。生長在臺灣的她遇到了詩人阿櫓，兩個人產生了感情。但阿櫓已經結婚，又有海峽之隔，娃娃仍然難以逃脫愛情的天羅地網。用她自己的話說：「大概做了兩年多的八點檔女主角。」

這種愛而不得的憂愁，說的時候可能只有一小會兒，卻打動了李宗盛。兩天之後，李宗盛遞給娃娃一張速食店的餐墊紙，上面就寫著〈漂洋過海來看你〉的歌詞。

古人說家書抵萬金，在一九九一年的時候，是機票抵萬金。距離不僅是心理上的，也像是財力上的鴻溝。因為見面很難，所以才有「呼吸都曾反覆練習」，這種看起來非常偶像劇的情節。

娃娃回憶說，看到這首歌的歌詞，第一反應是李宗盛「是不是有裝監視器在我旁邊」。等到進棚錄歌，娃娃才唱到第二句，就用掉了半盒面紙，連聲音都哭啞了，只好改天再錄。結果第二天還是這樣，無奈再冷處理一段時間。事實上，在那張叫《大雨》的專輯裡，最後錄完的就是這首〈漂洋過海來看你〉。

歌曲發行後，娃娃去餐廳吃飯，遇到一個服務生。她特意跑過去跟娃娃說：「我要謝謝你這首歌，我現在做這個工作，就是要存錢，然後去看我的男朋友。」

二十四年之後的二〇一五年，當我重新寫起這首歌的故事，有個粉絲是這樣留言的：「我也曾因為這首歌，第一次獨自一人坐火車去見相隔千里的他。沒有害怕，沒有孤獨，沒有不安，每一次停站都彷彿與他更近了一步，欣喜之情越發強烈，雖然見面時，憋著臉紅也沒能說出我想你這句話，再多言語也表達不了我急切地想要見你這一面。」

還有一位沒分享經歷，卻有悠長的感慨：「天長地久有時盡，只是當時已惘然。」

看到這些生動的評論，我會想，異地對愛情的影響，解決距離問題的方式，和二十多年前已經有那麼大的變化了，但經歷過異地和分別的人，竟然還是能從一首寫實的老歌裡看到自己。這種藏在心裡的祕密，這種關於人性裡永恆存在的部分的觸動，也許就是老歌歷久不衰的原因。

§

或者說，未必是歷久不衰，也可能是三十年河東，三十年河西的輪迴。就像一九〇年代初期，年輕人之間流行的是「明天你是否會想起，昨天你寫的日記」和「你來的信寫得越來越客氣，關於愛情你隻字不提」。而十年之後，校園裡滿是「手牽手一步兩步三步四步望著天，看星星一顆兩顆三顆四顆連成線」和「我想帶你騎單車，我想和你看棒球，想這樣沒有擔憂唱著歌一直走」。又過了十年，同年齡層的人一邊追求「簡單點，說話的方式簡單點」，一邊又開始在民謠裡去回溯「我憂鬱的白襯衫，青春口袋裡面的第一支香菸」和「從前的日色變得慢，車，馬，郵件都慢，一生只夠愛一個人」。

這當然不是一個普適的概括，只是一種現象描述，並且不含高低之分。但偏好背後，多少和外部環境、社會思潮以及群體心理相關。

我很喜歡馬世芳的一段描述：「有時候，寂寞在音樂結束之後的寧靜空氣中湧現，你會願意遲些再去換播下一張唱片，獨自咀嚼一下這種感覺。更重要的是，你喜歡這樣的感覺，這種既空虛又飽滿的心情。」讓我們盡情享受那片刻的停頓，因為在那裡，我們每個人的故事又要開始了。

如果我也曾溫暖你，那是對你最深的感謝

經常有人問我：「傳踢踢是一個人嗎？」

「不然是條狗嗎？」我嘴上說。

「當然是一個人啊。人多了，文章的品質和風格怎麼保持？關注的讀者不喜歡怎麼辦？」我心裡想。

團隊當然是極好的，但在遇到合適的人之前，你們收到的每一篇文章發送、每一條留言回覆，都來自傳踢踢本人。

面對幾十萬人，每天定時查收消息，再盡可能逐一回覆，要花掉一個多小時。有時候也懶，也怨，但想到素昧平生的你們，因為一篇文章而來，繼而留言、分享、讚賞，雖然難以名狀，卻是生命裡某種隱祕的關聯，我就不敢懈怠。

在我第一本書做群眾募資的時候，有一個還在念書的網友留言給我。她說踢踢，平時一直看你文章，但日子也並不寬裕，沒有零錢打賞。看到你出新書了，一定要支

持。為此，她從每個月一千多元的生活費裡，掏出了一百元。

我至今仍然記得，這近乎十分之一月開銷背後，來自陌生人的信任與關切。

開微信公眾號三年多，如果要問最寶貴的收穫，不是浮名，不是薄利，而是每個認識或不認識的你。**雖然有人中途離開，有人剛到不久，但每一次相逢，都藏著未可知的因果，興許，會在將來的人生裡呈現深意。**

§

二〇一七年七月，我開始以自由職業者的身分重新認識自己。

好久不見的朋友聞訊來關心，常問：「你創業做什麼？」我總是不識趣地把天聊死：「哪裡是創業，我就家裡蹲。」

雖然老婆大人一度慈祥地對我說：「養家的重任從此就落在我並不瘦弱的肩膀上了。」但你怎麼能相信一個獅子座的豪言壯語呢？在她們這兒，誇耀是一種流淌在血液裡的本能。

於是，我在微信推送裡增加了一些廣告，偶爾，還要搭一些熱點。一些網友氣憤地說：「你變了！」我很害怕。因為馬克·查普曼在紐約曼哈頓達科塔公寓朝著約翰·藍儂連開四槍之際，說的也是這句話。我還年輕，我還有好多東西想吃。

但我也理解。當一個喜歡的作者開始寫業配文，當情緒和認知調動到制高點，「沒有一點點防備，也沒有一絲顧慮，你就這樣出現」的廣告，的確不算討喜。

要批評、要謾罵、要取消關注、我心平氣和地接受。反過來，我更珍惜那些願意體諒和包容我的人。每次廣告之後，都會有網友留言說，踢踢我支持你做廣告，只有過得更好，才能有更自由的心境，寫出更好的文章。

對每一個曾經這樣說的人，雖然無法逐一道謝，但請知曉，我希望為每一個你寫出更精彩的文章。

§

自媒體是各顯神通的戰場，有人選擇撩撥情緒，有人選擇販售理性。相較而言，前者的影響範圍和變現價值要高一些。

可惜，我素來是溫暖平和的心性，抱定的初衷也不是幫粉絲洩憤，讓粉絲哭訴，而是和朋友一起成長。

既然是成長，「總免不了，最初的一陣痛」。按馬東的說法，被誤解是表達者的宿命。而抱持異見的人，回擊誤解的方式，常常是不問來由的粗話。

有一回，我寫陳奕迅，其中提到一句，他是繼張學友之後香港歌壇公認的新一代歌神。結果有個劉天王的粉絲，一口咬定劉天王才是真正的歌壇霸主，著惱之下罵了我三天三夜，把祖宗十八代都捎進去了，害得我人生第一次被迫將人拉進黑名單。

其餘時候，挨罵也並不少見。後來我想明白了，現實裡受氣壓抑的人，總要找到一個不用負責任的管道，來宣洩每天配額且隨機的憤怒。正好讓我趕上了，也唯有自認倒楣而已。我甚至有些感謝他們，是他們讓我知道，人不能活成那個樣子。

§

做自媒體讓我結識了很多有趣的人。

驚才絕豔的六神磊磊和王左中右，不僅寫得好，而且長得帥，想到他們只大我幾歲，恨不得找個地洞鑽一鑽。但我很感謝他們，每次產生「認認真真寫點字，還不如別人轉幾篇文章漲粉快」的浮躁想法，是他們用一篇篇文章提醒我，如果你不夠紅，是因為你的內容還不夠好。

我有個師弟叫魏嘉毅，網名「卷卷」。因為從小進出劇場，深有感情，他做了一個戲劇行業的垂直自媒體「好戲」。在天花板如此明確的領域，他跑劇場、組團隊、談合作、出好文……在動輒討論「十萬以上」和「轉化率」、「KPI」的年代，師弟的定心與執著，我又佩服，又慚愧。

我還喜歡倪一寧。當然不僅是因為她長得美。而是因為她在二十出頭的年紀，竟然能夠準確地講成熟的話，字與句之間的分寸拿捏得無比到位，仔細想想又有靈感的迸發。在她身上，我看到什麼叫「祖師爺賞飯吃」。她筆端那種輕捷與靈巧，也是我努力想學習的。

§

上兩週，新星星藝術節的創辦者、國內知名的策展人曾瓊老師找到我，邀我幫作家李傻傻的新書站臺。書名叫《你是我的虛榮》，我們聊的是「面對自己的真實」。活動結束之後，曾瓊老師和我說：「踢踢，雖然你寫的是自媒體，但我能看得出來，你的心裡還裝著一些更大的東西。」聽她說這話，我心裡一顫，對前輩的提攜和愛護，就更為感念。

在我成長的道路上，有太多像曾瓊這樣的前輩，無法一一細數，但你們的青睞和照顧，我都記在心裡，無以為報，唯有做更好的內容，有更多的成長。

分享會那天晚上有點雨，街燈照在打溼的路面，光線昏暗。

我和李傻傻說，大學的時候，我們一無所有，卻聊著波赫士和卡爾維諾，《小徑分岔的花園》是多麼厲害的小說，《看不見的城市》又是怎樣的腦子才能寫就。

眼下我們的日子，就像北島《波蘭來客》裡的讖語：「那時我們有夢，關於文學，關於愛情，關於穿越世界的旅行。如今我們深夜飲酒，杯子碰到一起，都是夢破碎的聲音。」

再說下去就矯情了。人生多艱，文學和愛情多數是一場夢。

如果我還擁有做夢的權利，是因為每一個你，都曾在某個夜晚，化身為我的一盞街燈，照亮我的寒冷與潮溼，也拉長我幽暗的影子。

如果我的文字也曾溫暖你，那是我對你最深摯的感謝。

我是傳踢踢，餘生請多指教

在無數次遭遇「你怎麼還在報社」的質問之後，我終於也要滾蛋了。

兩、三年前，差不多是這個問題剛興起的時候，我受新榜創始人、師兄徐達內之邀，參與一場新媒體論壇。圓桌環節的主持人，是「石榴婆報告」聯合創始人饅頭大師。豐神俊朗的饅頭大師西裝筆挺，逐一把問題拋給嘉賓。輪到我這裡，興許是照顧後輩，饅頭大師問了一個再簡單不過的問題：「你怎麼看待自己的帳號？有沒有相關的垂直領域？」

一件粉色襯衫、一條七分褲就「勇敢」亮相的我，年輕氣盛，咄咄逼人：「我不強求什麼垂直領域。我忠於自己，只對自己垂直。對新媒體人來說，比起想做什麼，能做什麼或許更重要。」

往事不要再提，人生已多風雨。一想到當年無恥的樣子，我的臉上就泛起無奈的微笑。

當日豪言一語成讖，如今，除了每天都要回答「什麼，踢踢，你竟然是男的」，以便自證直男，我不算可觀的粉絲數，也是「對自己垂直」最鮮活的註腳。

而光陰飛逝，傳媒劇變，在內容創業風起雲湧、融資傳說此起彼伏的「黃金年代」，魯鈍如我，都倍感逆水行舟。

那就辭職一闖吧。心快凍僵了，應該讓它輕輕跳一跳、蹦蹦也好。

§

二〇一二年，我離開復旦大學新聞學院。外人眼中的「無用」之學，一讀就是七年。碩士畢業，覥著一張老臉，有迫不及待的願望，想盡情施展。

可現實是，八個月的夜班輪班，像八年一樣漫長。每天的常規工作，就是進稿庫、選稿件、做標題、配圖片。興致來時玩幾個諧音寫兩句對仗，就算是創意。

下班常在淩晨兩、三點，跟著接送班車繞上海一圈，穿靜安、到普陀、轉嘉定，再回浦東。那時，我最期待別人聊起的段子就是「你見過淩晨四點的洛杉磯嗎」。

然後我就能告訴他們，我見過淩晨四點的上海，美容室正關門，送奶工剛上班，而我，一個頗感懷才不遇的年輕人，在回家的路上埋頭看《犯罪心理》，藉以抵消無處掩藏的睡意。

為了擺脫如是枯燥與沉悶，我開始在白天大量寫作，副產品之一，就是如今這個叫「傳踢踢」的微信公眾號。

今天，當我為了離職單蓋章，重新跑到當初那個對版式、字體、錯別字錙銖必較的排版間，才真切地意識到，是那段重複、瑣碎和自以為無趣的歲月，成全了眼下的自己。

§

我嘴碎，常惹事。「澎湃新聞」創辦之初，由總編轉CEO的邱兵師兄連出雄文。

〈我心澎湃如昨〉洗版之際，我一時技癢，跟了一篇〈澎湃之後，是否濤聲依舊〉。

師兄大量，不計較我的大膽。可從今往後，每有邱兵師兄大作，我的微信就像電影《風聲》裡的發報機那樣，以截獲敵臺的高頻率振動。點開一看，全是「狐朋狗友」，把文章轉給我，還附一句留言：「樂見其成。」

什麼樂見其成，不就是看熱鬧不嫌事大。

其實一直沒機會說起。我之異議，講到底，不是反對邱兵師兄，更不是反對情懷，我只是反對用虛妄高蹈的理想，來模糊愈益尖銳的現實。而這種抗拒的根由，不過是一己偏見——相比政治與商業影響下的新聞業，我更喜歡以作者，而非記者的姿態發聲。

自由撰稿人的野心，竟然透過對新聞專業的某種逆反表達出來，這一點，我始料未及。更出乎我預想的是，報社竟然寬宥我的自大和無禮，把我調到文化評論員的崗位，並且選題不限條件，文章不拘長短。

部門主管叫我去辦公室，反覆和我說：「不需要你做任何遷就和妥協，我就希望你做自己。」

這一做，就將近兩年。

§

媒體人辭職成風，伴生一種新的流行。告別必稱鳳凰涅槃，體制總是罪惡淵藪，原諒我這一生放縱不羈愛自由，苦守寒窯忍辱負重，終於海闊憑魚躍、天高任鳥飛。

以我寫情感專欄的經歷，分手悔恨，多是當年眼瞎；口出惡言，也幾乎人品有缺。成熟的愛人，應當是不吵不鬧、不怨不懟、一別兩寬、彼此祝福。

體制的標靶太大，以至變成人人皆可唾棄的對象，可體制予人的安定和平順，卻鮮有人提及。我想說幾句實話，適應體制的都是人傑，離開體制也大有可為。選擇而已，不必遷怒或歸咎。

於我而言，相比新聞評論，還有更大的寫作野心。因而辭職並非跳槽，而是安心御宅，做一個自由撰稿人。是微信公眾號的風靡，幫我把計畫提前了。

§

我在很多場合提到張怡微。她和我同年，也是校友，我從事寫作的不少能量和信心，都從她那裡汲取。

二〇〇七年一同去廣州實習，她老是提兩件事，一是我那時勉強還不算長壞，多少有點神似李亞鵬；二是誇我善良。我們常東拉西扯到深夜，她談興未盡，我會撐著沉重的眼皮對她說：「那你去幫我泡杯咖啡吧，我們繼續聊。」

我卻很少告訴她，在我們好幾個同學一同租住的房子邊上，那家叫長城的飯店裡，我們喝著早茶，聊了太多當時無心、如今卻驚覺的話。

這一路，她早已在寫作道路上突飛猛進，從校園故事的作者，成為頗有文名的青年作家。

這兩天翻她的新書《情關西遊》，後記裡一段特別打動我。她這樣寫：

「我們從『少年作家』成長起來的、浮名下的寫作者，往往會將一時之興錯當作卓爾不群。要很久以後才會懂得，你所走過的，別人必然走過。別人沒有說或者說不出來的那些，終有一日你也會選擇不去說，或者知道不必說才是最好的『說』。至於經驗的旅途，少不了萬手雷同之惡，千章一法之靜默，嘔心瀝血之徒勞。寫文章的人，心裡要明白自己的有限。」

翻譯一下，就像多麗絲·萊辛（Doris Lessing）說的：「再獨特的個人經歷，都只是人類普遍經驗的一部分。」而我，下定決心，想走一條盡可能獨特的寫作之路。是不是徒勞，我不知道。但我確定的是，我才二十多歲，不試一下，我會後悔。

§

行業風雲激蕩，個體四顧茫然。最惶惑的時刻，我常向老師求助。

我的導師李良榮對我說，看點歷史文化，多點積累，是當務之急。陸曄老師拿歐逸文鼓勵我，寫點沉下心的作品。

我很慚愧，不敢告訴他們，或許流行文化和百變人心才是我的興趣所在。哪怕耗盡一生的時間，我應該也寫不出什麼「大作品」。

師兄熊三木很多次鼓動我創業。積極樂觀如他、高效強勢如他，也是由衷的熱心。他在分享時常說，「判死刑的媒體，被解放的媒體人」。看到欣賞的後輩，願意勻出辛苦打拚而來的資源，托一下、幫一把，也是極為難得的盛情。但我也辜負了。

在這個激越的言必稱夢想的年代裡，我好像只想安心做個筆耕的手藝人。我已經令很多人失望，不想再讓自己灰心。

所以這一次，我選擇辭職，認認真真寫點東西。

好心的報社前輩勸我，體制內還是有優勢的，不如再借一借、等一等。我感激他們的貼心體諒，但我想更專注，哪怕努力的那頭，是一條更苦更難的道路。

我不喜歡留東西。報社工作四年，臨走就打包了半個紙箱。整理名片的時候，看著每一個名字、抬頭，當初採訪的情景恍若眼前。

未來如何無從知道。但此刻，我想說，我辭職，並不是因為厭惡體制，也不想刻意標榜自由。我只是感恩，恩師與良朋，前輩與同儕，甚至苦澀與挫折，都給了我一個提早搆一下夢想的機會。我希望，不至於讓你們失望。

至於這些年陪伴我的四十多萬公眾號小夥伴，你們是衣食父母，更要由衷感謝。

天高水闊，來日方長，期待和你們一起成長。

雖然你們已經不同程度地了解過我，還是想說一聲：謝謝你們。我是傅踢踢，餘生請多指教。

成大事者，都敢對自己下狠手

作者／傅踢踢

主編／林孜懃
特約編輯／張毓如
特約校對／李靜宜、張毓如
編輯協力／陳懿文
封面設計／羅心梅
行銷企劃／鍾曼靈
出版一部總編輯暨總監／王明雪

發行人／王榮文
出版發行／遠流出版事業股份有限公司
臺北市南昌路 2 段 81 號 6 樓
電話／（02）23926899　傳真／（02）23926658　郵撥／0189456-1
著作權顧問／蕭雄淋律師
□ 2018 年 5 月 1 日　初版一刷

定價／新臺幣 320 元（缺頁或破損的書，請寄回更換）

ISBN 978-957-32-8269-3

遠流博識網 http://www.ylib.com E-mail: ylib@ylib.com
遠流粉絲團 https://www.facebook.com/ylibfans

原著名：越孤獨越自由
本作品中文繁體版透過成都天鳶文化傳播有限公司代理，經北京白馬時光文化發展有限公司授予遠流出版事業股份有限公司獨家出版發行，非經書面同意，不得以任何形式，任意重製轉載。

國家圖書館出版品預行編目（CIP）資料

成大事者，都敢對自己下狠手 ／ 傅踢踢著．--
初版．-- 臺北市：遠流，2018.05
面；　公分
ISBN 978-957-32-8269-3（平裝）

1. 成功法 2. 生活指導

177.2　　107005488